IRA

1166

LICHTEMBERG

LA PETITE-PIERRE

PHALSBOURG

GUERRE DE 1870
LA PETITE PIERRE
PHALSBOURG
LICHTENBERG
par
UN PASSANT.

GUERRE DE 1870

LICHTEMBERG

LA PETITE-PIERRE

PHALSBOURG

Par un Passant

Avec quatre lithographies.

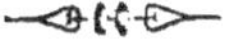

STRASBOURG

Chez **SIMON**, libraire, Grand'rue, 155. | **NOIRIEL**, libraire, rue des Serruriers.

1872.

En rendant compte sommairement dans ces quelques pages de la défense du poste militaire de Lichtemberg, de la forteresse de La Petite-Pierre et de la place forte de Phalsbourg, sentinelles avancées perdues dans les montagnes des Vosges, dont les défenseurs ont reçu du Conseil d'Enquête un témoignage si éclatant de satisfaction, nous voulons rendre hommage au courage et au sang-froid de leurs commandants et de leurs braves garnisons.

Un sous-officier, un officier subalterne, un officier supérieur, cette noble trilogie militaire que l'on suit dans l'armée française avant d'obtenir le grade dont les étoiles sont les insignes, ont montré dès le début de la guerre pour Lichtemberg et La Petite-Pierre, et lorsque les événements étaient devenus bien plus graves, pour Phalsbourg, que ces nobles paroles du général Foy n'étaient pas oubliées dans ces endroits presque inconnus de l'Alsace et de la Lorraine : «Il y a de l'écho en France, quand on «prononce les noms d'honneur et de patrie!»

Juin 1872.

Lichtenberg

LICHTEMBERG

Les montagnes des Vosges, à partir de Saverne, n'offrent plus que des hauteurs peu élevées, complétement boisées et traversées par de nombreuses vallées, sillonnées par de belles routes qui en rendent, comme l'observe avec raison le célèbre géographe Th. Lavallée, la défense à peu près impossible. Presque toujours d'énormes rochers de grès rougeâtre les couronnent. Au Moyen-Age, on utilisa ces masses pittoresques en y élevant des châteaux-forts, véritables nids d'aigle où le défenseur était à l'abri de toute tentative d'assaut. Telle fut l'origine des places fortes actuelles de Bitche, Lichtemberg, La Petite-Pierre, Phalsbourg.

Bâties par les seigneurs-maîtres du pays, ces résidences féodales furent conservées par l'illustre Vauban et destinées à défendre les passages qui conduisent de l'Alsace en Lorraine. Le génie militaire a cherché à les utiliser et il y est parvenu sans grands frais. Elles traversèrent sans

encombre les guerres de la Révolution et du premier empire. Les Allemands, dans la récente guerre, en ont pu
brûler les bâtiments de l'État ou les maisons des particu-
liers : mais leurs obus ne purent rien contre ces masses
cyclopéennes, qui défiaient les énormes projectiles de l'artillerie prussienne.

Le poste militaire de Lichtemberg, d'une altitude de
399 mètres au-dessus du niveau de la mer, domine toutes
les hauteurs des environs. On y parvient par la vallée de
la Moder qui débouche en Alsace au bourg d'Ingwiller et
que suit la route départementale de Bitche à Wasselonne.
A deux kilomètres d'Ingwiller, on quitte celle-ci pour
prendre le chemin de Lichtemberg. C'est une route fores-
tière aux pentes très-rapides et qui porte le nom de l'agent
Viennot qui la fit construire. C'est en sortant du bois près
le poteau de la limite de la garnison, que le fort, s'élan-
çant au milieu de forêts et d'épais fourrés, se montre dans
sa plus sauvage beauté. Au-dessus d'un talus très-rapide
servant de glacis, surgit une masse énorme de grès vos-
gien, englobant une première enceinte, surmontée par un
rocher taillé à pic formant le donjon et que domine enfin

une haute tour aux salles ogivales, dont une servant de poudrière a une légende des plus sinistres. De là la vue s'étend sur toute l'Alsace.

Le village de Lichtemberg [1] s'étend à cent mètres au-dessous du fort; ses trois rues perpendiculaires touchent au glacis et sont enfilées par le feu de la place. Deux petits hameaux situés dans des ravins, Champagne et Picardie (Schweigenhoffen), sont un souvenir de ces deux provinces ou des deux régiments de ce nom, jadis des quatre vieux corps et dont la réputation militaire commença à la bataille de Rocroi.

En temps de paix, Lichtemberg était gardé par un petit détachement fourni par la garnison de Strasbourg. Depuis quelque temps, c'était le brave 96e régiment d'infanterie, dont les soldats étaient relevés tous les six mois. Le sous-lieutenant Archer (Louis-Adrien) [2] de ce corps venait d'y arriver avec 27 soldats. Peu après, on y envoya un maréchal des logis du 2e d'artillerie et 4 canonniers. [3]

Ces derniers ne restèrent pas inactifs, ils construisirent

---

[1] Dans le pays : *Lichtembourg*. Auberge *Muller*.

[2] Sous-lieutenant, 7 août 1869. M. Archer, comme le commandant de Phalsbourg M. Taillant, sort des rangs de la troupe. Leur noble conduite est encore plus digne de louange.

[3] Dans la dépêche suivante tirée des *papiers secrets de l'Empire (?)* on parle de ce fort :

GÉNÉRAL DUCROT à Guerre — PARIS.

Strasbourg, 20 juillet, 8 h. 30 m. du soir.

Demain il y aura à peine 50 hommes pour garder les places de Neuf-brisach et Fort-Mortier. Schlestadt, La Petite-Pierre et Lichtemberg

1 *

des embrasures avec fascines et gabions et montèrent les pièces sur les remparts, dont les unes devaient battre la route ,Viennot et les autres le chemin forestier de Rothbach. Comme dans toutes les places fortes, on négligea d'abattre les arbres, les maisons, les haies autour des glacis. Mais dans les premiers moments qui pensait à une invasion ?

Le fort était, du reste, dans l'état d'entretien le plus satisfaisant. Tous les ans, le génie militaire dépensait de fortes sommes pour son entretien.[1] Les vivres ne manquaient pas, les magasins contenaient les caisses réglementaires de biscuit, et au moment de l'investissement il y avait quinze bêtes à cornes et du fourrage. L'eau, malgré la sécheresse, était encore abondante. Outre une immense citerne creusée dans le roc au-dessous du donjon, il y avait plusieurs puits, un à la manutention, un sur la plate-forme du donjon etc. On avait élevé aussi un moulin à bras d'après un nouveau système.[2] Quant au fort par lui-même, par sa structure, il était à l'abri de toute brèche et de toute attaque de vive force. Presque tous ses bâtiments construits pendant la période féodale étaient solidement voûtés où creusés dans le grès.

sont également dégarnis. C'est la conséquence des ordres que nous exécutons. Il serait facile de trouver des ressources dans la garde nationale mobile et dans la garde nationale sédentaire, mais je ne me crois pas autorisé à faire quelque chose, puisque Votre Excellence ne m'a donné aucun pouvoir........

[1] On lit sur le roc les dates suivantes : 1838, 1840, 1859, 1868, 1870.

[2] Il y avait encore du vin chez le portier-consigne tenant la cantine.

Tel était l'état de la forteresse en juillet 1870. Son histoire se lie à cette époque avec celle de la Basse-Alsace, qu'un décret impérial daté du 24 avait mise en état de siége. Cette mesure passa tout à fait inaperçue. Trois jours après, le 27, les places fortes de l'Est furent déclarées par un autre décret en état de guerre (Phalsbourg, La Petite-Pierre, Strasbourg, Lichtemberg, etc.) Mais aucune mesure réglementaire ne fut prise, tant était grande la confiance !

Cependant dès le 25 juillet des reconnaissances de cavalerie badoise étaient venues jusqu'à trois lieues de Lichtemberg, semant l'épouvante dans le pays et recueillant de tout côté les rapports de ses espions.

Puis, le 4 août, le canon de Wissembourg et le surlendemain les non moins effroyables détonations de Frœschwiller vinrent ajouter de nouvelles craintes aux appréhensions les plus sinistres. La confiance avait cessé.[1]

Partout on était en suspens et de sombres pensées mêlées de quelque espérance se partageaient les esprits ; lorsque vers le soir, on vit arriver les premiers fuyards de la catastrophe de Wœrth, formant un tableau qu'aucune plume ne peut rendre : turcos, zouaves, cavaliers, fantassins étaient pêle-mêle ; ils étaient accablés de fatigue et annihilés par la faim. Un hussard passa à cheval à travers cette cohue, un fantassin, le chassepot au dos, le tenant en croupe. La population reçut le mieux qu'elle put[2] les

---

[1] Un décret impérial daté de Metz déclara, le 7 août, les places fortes de l'Est en état de siége.

[2] C'est d'autant plus méritoire que la commune de Lichtemberg est une des plus pauvres de la montagne. Le sol ne fournit qu'un peu de seigle

pauvres soldats, dont tous ont fait vaillamment leur devoir et qui avaient succombé au nombre. Héros obscurs, ils méritent tous des éloges ; leurs officiers étaient au milieu d'eux graves et silencieux ; comme eux ils avaient affronté la mort pour la patrie, comme eux ils étaient réduits à demander du pain.

Le général Ducrot venant de Niederbronn arriva avec le restant de sa division entre 6 et 7 heures du soir. Il s'établit au fort et envoya de suite un jeune garçon de la commune porter une lettre à sa femme qui était encore à Strasbourg. Les soldats logèrent chez les habitants ; il y en a qui en reçurent plus de cinquante. On leur distribua deux biscuits par homme. Le sous-lieutenant Archer ne crut pas devoir s'opposer à cette distribution, que le général prit sur lui de tirer des magasins militaires de la place. Dans toute autre circonstance cet acte d'humanité aurait été blâmé sévèrement. Vers 11 heures du soir, le général Ducrot, craignant d'être coupé par l'ennemi dont on annonçait déjà la présence à Ingwiller, donna l'ordre de partir le lendemain matin à 3 heures. Dès le point du jour, les régiments firent battre la marche et la division [1] gagna Phalsbourg où elle arriva rejoindre Mac-Mahon vers 2 heures et demie, après avoir fait la grande halte à La Petite-Pierre et avoir

et d'orge. Les hommes sont forgerons ou bûcherons. Que les pommes de terre manquent et le pays est ruiné.

[1] 1re Brigade, général Wolff, 13e chasseurs, 18e et 96e de ligne ; 2e Brigade, général de Postis du Houlbec, 45e et 1er zouaves, 3 batteries du 9e d'artillerie, une compagnie du 1er du génie ; colonel d'Etat-major, de Montigny.

traversé de mauvaises routes, par monts et par vaux, en suivant les chemins d'Erckarswiller, du Kühfart, de l'Imtall, de la Nesselbach et du Büchelberg. On doit comprendre quelles nouvelles fatigues ressentirent les soldats, mais ils marchaient en ordre le plus possible, cherchant toujours à rallier la colonne et aidés partout par les pauvres montagnards qui regardaient passer à travers leurs inextricables forêts, d'un œil étonné, une des plus belles divisions que la France ait mise sur pied.

La petite garnison du fort fut encore augmentée ce jour-là par une masse de traînards et de blessés échappés du champ de bataille. Le chiffre s'éleva bientôt à 178 isolés. Tous les régiments de Wœrth y étaient représentés (6 à 7 turcos, une dizaine de zouaves, un artificier qui rendit de grands services, le chef de musique du 17e d'infanterie etc.) Le général Ducrot avait laissé, pour seconder M. Archer, deux lieutenants. Le jour même de l'investissement deux soldats vinrent encore rejoindre.

Dès le 8 au soir, l'ennemi envoya des détachements reconnaître tous les environs. Personne cependant n'entra dans le village. Mais tout annonçait une attaque pour le lendemain. En tout cas, le commandant était prêt.

Le 9 août, vers 6 heures du matin, on vit déboucher du bois sur la route de Viennot, au-dessous de l'Hagelberg, à 324 mètres d'altitude et à 2000 mètres sud-ouest du fort, 18 pièces de campagne qui, une première sommation faite, commencèrent un feu des plus violents.

Au même instant les tirailleurs de la division wurtem-

bergeoise se montrent tout autour du fort et de petites colonnes débouchent de tous les chemins. Les défenseurs ti-
rent en vain sur ces masses invisibles cachées derrière les
arbres, les murs et les maisons qui entourent les glacis.
Ce qui fait énormément de mal à la défense, ce fut le dé-
faut d'abris pour l'artillerie et surtout pour l'infanterie,
dont la masse, plus que nécessaire pour garder le pourtour
du roc, ne put être utilisée complétement et se trouva toujours exposée à un feu des plus vifs. Les immenses pierres
de taille et le rocher n'avaient pas permis de faire des cré-
neaux avec des sacs en terre. On fut réduit à tirer par les ra-
res ouvertures creusées dans les casemates ou dans le chemin de ronde et qui servaient dans les temps reculés à
lancer des traits ou de l'huile bouillante à l'assiégant. Ces
ouvertures étaient continuellement criblées de balles par les
Wurtembergeois et bien souvent ceux qui étaient derrière
furent tués ou blessés.

De son côté l'artillerie wurtembergeoise ayant devant
elle la plus grande largeur de la place et la plus grande
masse des bâtiments à détruire, continue son feu. Le commandant français, faute d'artilleurs suffisants, fit répondre
par un obusier de 0,16 placé au-dessus de la porte d'entrée.
Il tira pendant une heure une quinzaine de coups. Au troisième, l'artificier venu de Wœrth fut tué raide; ce fut une
grande perte; un autre artilleur fut également atteint d'une
balle. L'ennemi tirant sans relâche dans la direction de
l'obusier, avait bientôt pris ses distances exactes. Aussi
le bâtiment qui brûla le premier en est-il à quelques pas.
C'est celui côté D, (corps de garde et cuisine), puis vint le
tour des magasins d'artillerie, du pavillon du commandant

de place, bâtiments bâtis par Specklé, dans le cours du 16ᵉ siècle, de la caserne, de la manutention, des magasins aux vivres, ces deux derniers bâtiments se trouvent au-dessus de la longue voûte servant d'entrée. Ils se composent de salles aux voûtes ogivales ornées des blasons des comtes de Hanau-Lichtemberg, datant du quinzième siècle. La tour de l'horloge, située en face de la chapelle, fut atteinte aussi; la cloche s'écroula avec fracas. On entendit la canonnade dès 6 heures à Saverne et pendant trois heures à Phalsbourg. La petite chapelle bâtie au quinzième siècle et qui renferme encore un beau tombeau, style renaissance, d'un Hanau; la cantine datant de 1735, les étables, les magasins du génie; le moulin à bras, le pavillon des officiers furent criblés de projectiles, mais ne souffrirent pas trop de l'incendie. Les anciennes fortifications creusées dans le roc résistèrent, montrant par-là le néant de la science militaire moderne et indiquant ainsi qu'avec les nouvelles armes, il fallait revenir aux vieux errements de la chevalerie, n'avoir plus que des postes purement défensifs sur des hauteurs escarpées et sur des rochers à l'abri des bombes et des obus.

De leur côté, les défenseurs ne restaient pas inactifs : ils tiraient partout où ils pouvaient, les turcos, comme toujours, étaient les premiers. Le lieutenant colonel Rodolphe de Steiger, commandant le 1ᵉʳ bataillon de chasseurs wurtembergeois (3ᵉ brigade, Louisbourg), fut blessé grièvement près le petit cimetière de la garnison en conduisant bravement ses hommes au feu. Cinq de ses chasseurs tombèrent, Rietter, Reutter, Zimmermann et deux autres; l'un deux fut touché derrière la porte du cimetière protes-

tant.[1] Un fusilier du 2e régiment d'infanterie wurtembergeoise[2] reçut également une blessure mortelle. Le colonel
mourut le lendemain.

Les Wurtembergeois embusqués derrière les arbres firent
également éprouver des pertes aux assiégés. Un brave
sergent du 96e qui avait déjà été en garnison à Lichtemberg, et qui venait de Frœschwiller, nommé Kessler,
d'origine alsacienne, tout en tirant par une meurtrière
(côté sud) poursuivait de ses lazzis en allemand les assiégeants ; ceux-ci criblèrent l'ouverture et finirent par tou-
cher le malheureux sergent. Un enfant de Lichtemberg
venu aussi de Wœrth, et qui voulait défendre ses pénates,
fut aussi tué.[3] Une pauvre femme traversant une rue du
village fut atteinte d'une balle à la jambe. Il y eut, du
côté des Français, quatorze morts, dont les corps recueil-
lis avec soin furent transportés dans le cimetière du fort,
sur la route du hameau de Champagne. Une croix en
pierre datant de 1860 indique la place du pauvre enclos.
On va élever un monument à la mémoire de ces courageux
enfants de la France.

Outre les morts il y eut des deux côtés beaucoup de

[1] Il y a un carré de quelques mètres, protégé par une barrière en bois,
où reposent les corps des Wurtembergeois qu'on a pu retrouver après le
siége. Deux simples croix en bois indiquent l'une où repose le colonel,
l'autre, les six soldats. Le cimetière catholique renferme le corps de
Martin Kloo, fusilier au 6e régiment d'infanterie bavaroise (2e corps).

[2] 2e brigade (Ulm).

[3] Ce fut le seul des 70 soldats que le village comptait sous les drapeaux pendant la guerre.

blessés; les Français en eurent une quarantaine. Ils étaient, il est vrai, bien à l'abri dans des casemates bien saines et bien aérées et où se trouvait également le boucher israélite de Lichtemberg réquisitionné, nommé Müller, avec sa famille, et qui faillit lui aussi être fait prisonnier. Mais malheureusement le général Ducrot avait oublié de laisser un chirurgien. Plus la défense se prolongeait, plus leur situation empirait; et en outre l'eau n'était pas assez abondante pour pouvoir éteindre tous les bâtiments incendiés et combattre le feu, s'il était mis encore une fois. Aucun secours n'était malheureusement plus à attendre. L'incendie gagnait d'intensité à chaque instant, et rien n'était plus terrible à voir que ce fort occupant à peine l'espace d'un hectare être la proie des flammes. Vers trois heures, il parut comme une immense gerbe de flammes. De tous les points de l'Alsace on put voir ce spectacle grandiose. Pendant huit jours, on vit brûler le manoir des Hanau-Lichtemberg, et le vieux roc servant de donjon apparaissait de temps en temps dominant seul ce cercle infernal de flammes et de fumée.

Malgré la triste situation des blessés, les soldats encore tout échauffés de Frœschwiller ne demandaient qu'à continuer la défense. Ils savaient, bien que quatre bêtes à cornes aient été brûlées, que les vivres ne manquaient pas; que les poudrières ne pouvaient sauter; cela redoublait leur confiance. Il y avait assez de biscuit pour tenir pendant quelques jours, et puis tout donnait à supposer que l'ennemi ne s'arrêterait pas longtemps devant le fort, qu'il continuerait sa marche en avant et qu'il ne laisserait pour surveiller qu'un petit cordon de soldats.

C'était aussi l'opinion du commandant de place ; il eut un moment l'idée sublime de se faire sauter ; bien des soldats étaient de cet avis, ou tout au moins de faire sauter les ponts de l'avancée et du fort et d'attendre. Mais les gémissements des blessés exposés à manquer de tout en plein été, et la perspective de les voir brûler vifs dans le brasier le disposèrent enfin à écouter, bien à contre cœur, les propositions de l'ennemi. Il n'y avait plus en outre assez d'artilleurs pour servir les pièces. Le feu cessa donc vers 6 heures et demie.

Mais avant de s'aboucher avec les assiégeants, le commandant français donna l'ordre de détruire tout le matériel, de noyer les poudres, d'enclouer les canons (on a dit plus tard qu'il avait été obligé de les charger avec les cartouches d'infanterie ; on a voulu peut-être faire des boîtes à mitrailles pour battre les ravins des environs) ; le peu de biscuit restant fut distribué aux hommes, ainsi que le vin de la cantine, et on attendit avec calme l'issue des négociations, tout en jurant de ne laisser que les quatre murs, si on peut se servir ici de cette expression populaire.

Pendant que l'on discutait, quelques soldats peu soucieux d'aller en captivité, essayèrent de fuir par une poterne située au côté nord au-dessus du vivier plein d'eau du fossé. Mais des coups de fusil firent voir qu'ils avaient été aperçus.

La capitulation fut honorable ; elle portait que la garnison était prisonnière de guerre avec les honneurs militaires ; elle fut signée à 8 heures du soir, et dès le défilé terminé, le triste cortège prit le chemin de la captivité. Une heure après le prince royal commandant la 3e armée

se trouvant à souper dans le verger du pasteur d'Ober-
mottern [1], où il passa la nuit, apprit que le lieutenant-
général prussien von Obernitz, commandant les troupes
du roi de Wurtemberg, venait de s'emparer de la première
forteresse française.

Le sous-lieutenant Archer fut échangé le 14 septembre
suivant contre le baron Bruno de Versen, officier d'infanterie prussien blessé devant Strasbourg à une sortie le
2, et il fut de nouveau fait prisonnier lors de la reddition
de la capitale de l'Alsace.

Après la prise de Lichtemberg, les Wurtembergeois y
tinrent pendant quelque temps garnison; puis vers la fin
de septembre, lorsque les francs-tireurs s'avancèrent vers
les sources de la Zorn et de la Sarre, on envoya deux
compagnies à Sarrebourg.

Le fort ne fut pas réparé. Dans le courant de l'année
1872, on vendit tout ce que le feu n'avait pas atteint, fer,
portes, fenêtres, moulin etc. Il ne restera bientôt plus
de la forteresse, que le maréchal de Créqui prit sur les
Impériaux le 15 octobre 1678 et qu'un simple sous-lieutenant français défendit si vaillamment cent quatre-vingt-douze
ans après contre les Allemands, que les masses gigantes-
ques du vieux burg féodal des comtes de Hanau-Lichtemberg.

[1] 10 kil. sud-est.

La défense du fort de Lichtemberg fut la première dont s'occupa le conseil d'Enquête présidé par le maréchal Baraguey d'Hilliers (séance du 14 octobre 1871). Toute la France lut avec satisfaction le court résumé qui en fut donné et qui déclarait que le sous-lieutenant Archer avait fait tout ce que le devoir exigeait.

La Petite Pierre

LA PETITE-PIERRE

La petite ville de La Petite-Pierre [1] défend le passage de
la route départementale de Saar-Union à Bouxwiller, à
travers les Vosges. La route passe par le faubourg et cô-
toie la montagne au nord de la place. Ce faubourg s'étend
jusqu'aux glacis de la forteresse qui n'a qu'une seule
porte à arcature ogivale, défendue par des ouvrages avancés en grande partie taillés dans le roc et surtout par un
fortin bâti en 1859 et dont le canon peut battre les routes
de Phalsbourg, de Strasbourg et de Saar-Union, et tenir
en respect l'Altenbourg, montagne d'une altitude de 395
mètres, qui domine la ville et dont les flancs sont garnis
de jardinets parfaitement entretenus.

Les fortifications de la ville sont juxtaposées sur d'énormes rochers formant un promontoire à pic allant du levant

[1] Dans le pays : *Lützelshein*. Auberge · *Aux Trois-Roses*, chez Salo-
mon Weis.

au couchant. On trouve au côté opposé de la porte d'entrée, après avoir traversé la rue boueuse de la pauvre
cité aux maisons délabrées, près la petite église ogivale
et attenant à une place d'armes, sur un autre rocher es-
carpé, le château ou la citadelle[1], communiquant avec la
ville par un pont-levis et renfermant la caserne, les bâtiments du génie, la manutention etc. Deux gendarmes
bavarois l'occupent actuellement. C'est l'emplacement du
vieux burg des sites de Lützelstein, dont il ne reste plus
debout qu'une vieille tour carrée, que le génie militaire
a utilisée en y plaçant l'horloge de la place.

Dans les premiers jours qui suivirent la déclaration de
guerre, on avait pensé à envoyer à La Petite-Pierre des
mobiles parisiens, si l'on s'en rapporte à cette dépêche tirée
des *Papiers secrets,* et dont l'original (s'il existe), doit
se trouver à Paris.

Major Général à Guerre par Intérim — PARIS.

Metz, 2 août 1870, 6 heures du soir.

«L'intention de l'Empereur est de disperser les batail-
«lons de la garde nationale mobile qui se réunissent au
«camp de Châlons et qui ont déjà fait preuve d'esprit dé-
«testable. On pourrait les répartir entre les places de
«Belfort, Thionville, Longwy, Phalsbourg, La Petite-
«Pierre, Marsal, Toul, Verdun, Bitche, Mezières, Sois-
«sons, Sedan, Langres etc., et en laisser deux bataillons

---

[1] V. la lithographie faite d'après un dessin de M. Maignien, lieutenant au
19e de ligne (1851).

« au camp de Châlons. Veuillez étudier cette question
« et prendre des mesures pour que, dans son principe,
« l'ordre de l'Empereur reçoive une prompte exécution. »

Au lieu de mobiles, La Petite-Pierre reçut un détachement du 96e commandé par le capitaine Mouton, chevalier
de la Légion-d'Honneur, homme maladif et père de famille,
ayant sous ses ordres le sergent-major Bœltz, dont il sera
parlé bientôt plus au long, et 26 hommes. Plus tard on
envoya le maréchal des logis du 5e d'artillerie Jean (Jean)[1],
avec 5 artilleurs.

Comme à Lichtemberg et dans toutes les places, les
vivres ne manquaient pas, ainsi que les munitions. Pour
la viande fraîche, il était facile d'en tirer des villages en-
vironnants dont la principale industrie est l'élevage des
bestiaux. C'est ce qu'on fit en 1815. Les remparts étaient
en très-bon état. On peut encore s'en assurer au bout de
deux ans d'un complet abandon.

L'armement de la place se composait de :

<pre>
Canons rayés de 12 de place..... 2
Canons rayés de 12 de siége..... 2
Obusiers de 0,16...............   3
Mortiers de 0,22..............   1
                                 ___
                    Total........ 8 pièces.
</pre>

[1] Ce dernier fut médaillé à Phalsbourg pour sa belle conduite : on peut
aussi citer le sergent Streiff, du 96e.

Les artilleurs firent des embrasures et mirent les pièces en batterie du côté nord du château près le pont-levis pour battre la route de Saar-Union, et sur le fortin qui commande l'Altenbourg ; ils démolirent même dans cet ouvrage le mur d'enceinte pour y placer leurs pièces. Deux cents projectiles furent placés sur les remparts.[1] C'était plus que suffisant pour répondre à une insulte.

Le dimanche 7 août, des soldats vinrent déjà de grand matin annoncer le désastre survenu le jour précédent ; puis vers onze heures la division Ducrot, venant de Lichtemberg, traversa le faubourg dans sa retraite sur Phalsbourg. Le soir on vit arriver le général de brigade Besson, chef d'état-major général du 5e corps, cherchant partout son malheureux chef. Trois aides de camp et le peloton d'escorte tiré du 12e chasseurs l'accompagnaient. Ils couchèrent et repartirent le lendemain. Ils gagnèrent Sarrebourg six heures avant le général de Failly, qui avait également passé par La Petite-Pierre, puis par Lixheim en cherchant à rejoindre Mac-Mahon. Le général s'était égaré plusieurs fois et avait laissé quantité de ses bagages sur la route de Weiterswiller, près la montée de la Froschkopft. Les Prussiens s'en emparèrent le lendemain.

Apprenant le passage du général de Failly, le capitaine Mouton vint le trouver pour le prier ou de lui donner du renfort, ou de lui permettre de se joindre à lui, lui représentant qu'il ne pouvait défendre un passage aussi important avec une vingtaine d'hommes. Le général très-effaré

---

[1] Extrait du procès-verbal de la séance du conseil d'Enquête, 6 mai 1872.

lui répondit très-vivement que le 96ᵉ n'étant pas de son corps d'armée, il ne pouvait disposer de ses hommes; que ce qu'il avait de mieux à faire, était de briser son matériel, ou de le cacher, de noyer ses poudres et, si l'ennemi arrivait, de se rendre. Apprenant que le biscuit ne manquait pas, il ordonna au capitaine de lui livrer deux cents caisses qu'il fit distribuer à sa troupe.[1] Chaque homme en eut un. Puis ses soldats étant un peu reposés, il donna l'ordre du départ.

On peut juger de la perplexité où se trouvait le capitaine, dès qu'il vit le 5ᵉ Corps se retirer. Déjà malade, son état empira, il donna cependant l'ordre de briser les affûts, de cacher les canons, puis se fit donner par le médecin de la ville un billet d'hôpital, prit une voiture de réquisition et se fit transporter à Phalsbourg, où il resta tout le temps du siége, fut fait prisonnier et suivit les autres officiers à Stettin (en Poméranie).

Quelle impression dut faire ce départ à la petite garnison! Mais heureusement que le sergent-major Bœltz [2] était là pour lui remonter le moral. Il trouva dans les artilleurs

[1] 1ʳᵉ Division, général Goze, brigades Sautin et Nicolas; 2ᵉ Division, général de Labadye d'Aydrein, la brigade Maussion; de l'artillerie, et 3 régiments de cavalerie (5ᵉ hussards, 12ᵉ chasseurs, 5ᵉ lanciers.)

[2] Jean-Baptiste-Eugène Bœltz, né à Volmérange (Moselle), le 22 mai 1843, après avoir fait ses études au collége de Pontarlier, s'engagea au 3ᵉ zouaves, d'où il passa au 96ᵉ, où il fut nommé sergent-major en 1868. A Phalsbourg on le fit greffier d'un conseil de guerre. Qu'importent, au reste, tous ces détails, ce sous-officier, malgré son humble position, a montré plus d'énergie et de sang-froid que beaucoup de généraux de l'époque. Il «a fait preuve de décision et d'intelligence» (Conseil d'enquête).

de bons soutiens, lorsqu'il rappela à sa petite troupe les sentiments d'honneur et de patrie.

La nuit se passa à faire ce que le général de Failly avait ordonné : on détruisit tout ce que l'on put ; on précipita dans l'antique citerne du château les pièces, et les ponts de la ville et de la citadelle furent levés. Tous les traînards qui se présentèrent furent invités à continuer leur route, s'ils ne voulaient pas être fait prisonniers.

Vers 8 heures du matin, le 9 août, le maire parut devant les glacis et pria le commandant de sortir, lui annonçant qu'un officier supérieur allemand le demandait. Le sergent-major descendit par la poterne et se présenta tenant à la main sa baguette de chassepot sur laquelle se balançait son mouchoir. Il trouva son interlocuteur près le chemin d'Erckartswiller, au bout du faubourg. L'entrevue fut courtoise, mais on alla bien vite au but : la reddition avec les honneurs de la guerre et la garnison prisonnière. Le sergent-major refusa net une telle capitulation, et malgré qu'il se fût aperçu que l'officier ennemi savait tout ce qui s'était passé depuis deux jours, il conserva toujours tout son sang-froid. Comme l'officier le reconduisait et que Bœltz, près la mairie, lui faisait observer en souriant qu'il ne pouvait pas se rendre à un seul homme, on lui montra silencieusement l'artillerie s'avançant par Weiterswiller, et de petites colonnes d'infanterie faisant halte, attendant le résultat de la conférence. Il vit que tout était perdu ; mais conservant toujours sa présence d'esprit, il demanda d'un air d'indifférence que l'on voulût bien lui accorder le délai d'une heure pour réfléchir et consulter son conseil de défense.

L'officier enchanté de pouvoir passer sans brûler une amorce et d'éviter par-là une perte de temps, lui accorda avec empressement ce qu'il demandait et on se sépara de part et d'autre.

De retour au fort, Bœltz n'eut pas de peine à faire entendre à ses hommes qu'il n'était pas très-désirable d'aller manger le pain noir de captivité! Tous consentirent à le suivre à Phalsbourg, poste fortifié le plus près. Le canon de Lichtemberg donnait à comprendre qu'il n'y avait rien à attendre de ce côté. On acheva encore l'œuvre de destruction, et tout étant terminé, on gagna vivement une poterne donnant dans les rochers au midi du fort et permettant de rejoindre l'Imthal en tournant l'Altenbourg. Le détachement suivit le même chemin que le général Ducrot. En route, il dut redoubler de précaution, car les uhlans avaient déjà paru dans divers points de la vallée du Grauffthal. Enfin la brave petite troupe arriva saine et sauve vers une heure et demie à Phalsbourg où elle entra, en passant par Vilsberg, par la porte de France. Un moment on la prit pour une troupe ennemie. Il n'était que temps d'arriver!

On peut juger de la stupéfaction des Allemands, lorsque les habitants leur crièrent du haut des murailles que la petite garnison était partie. Inutile de dire que les canons furent retrouvés.

Le lendemain le prince royal venant d'Obermothern fit son entrée dans le faubourg. Un bataillon du 58e (Posnanie) le précédait et des uhlans étaient en flanqueurs. Un nombreux état-major le suivait, parmi lequel on remarquait son chef d'état-major M. de Blumenthal, le duc de Saxe-

Cobourg-Gotha, le prince héréditaire de Mecklenbourg-Strélitz, le prince de Hohenzollern. Ils allèrent tous visiter le fort. Puis le prince continua sa route vers Pétersbach où il coucha; les princes allèrent prendre gîte à Lhor. Il était près de 4 heures et demie et leur étape avait été de 6 heures.

La marche du prince à travers les Vosges était hardie, mais le succès la justifia. Il pouvait donner ainsi la main par son aile droite aux armées de Steinmetz et de Frédéric-Charles, en débouchant par Saar-Union [1], tandis que son aile gauche se rabattant sur Sarrebourg suffisait pour observer la retraite de Mac-Mahon. Des proclamations très-sévères étaient de suite affichées lors de son passage; elles défendaient, sous peine de mort, aux populations mornes et silencieuses de ne rien entreprendre contre les armées allemandes.

Le 2ᵉ Corps de l'armée bavaroise commandée par le général von Hartmann, qui s'était arrêté à La Petite-Pierre, alla ensuite à Drulingen, puis le 12 vint se concentrer avec l'autre corps bavarois venant de Diemeringen et la division wurtembergeoise sur la Sarre, et le lendemain tous débouchèrent par la forêt de Bisping dans la vallée de la Seille. Le 14, la petite place de Marsal

---

[1] Une partie du 11ᵉ Corps (Hesse-Nassau) campa à Saar-Union; le 9, ses éclaireurs parurent à Mittersheim et à Fénétrange; le 10, un peloton de uhlans venant de Saar-Union, alla couper le télégraphe à Sarrebourg. Le même jour, l'artillerie de ce corps bombardait Phalsbourg; le 11, le 5ᵉ Corps (Posnanie) était à Lixheim et à Hilbesheim; le 14, l'artillerie du 6ᵉ bombardait de nouveau Phalsbourg.

tomba entre les mains des Bavarois; ce fut la troisième forteresse prise.

Quant au sergent-major Bœltz, dont le Conseil d'enquête a fait un éloge si mérité, on ignorait à La Petite-Pierre, en juin 1872, ce qu'il était devenu. Est-il sous-lieutenant? Est-il chevalier de la Légion-d'Honneur? C'est ce que l'on se demandait, après avoir lu les journaux. Est-il clerc de notaire à Besançon? comme le disait une feuille de cette ville. C'est ce que personne ne pouvait dire. Mais ce qu'il y a de certain, c'est que les bourgeois du lieu ignoraient complétement qu'ils avaient offert au sergent-major Bœltz, qui avait sauvé leur ville d'un bombardement, la vieille distinction républicaine d'un sabre d'honneur.

Nous apprenons à l'instant que M. le sergent-major Bœltz, qui habite aujourd'hui Besançon, vient enfin d'obtenir la récompense que l'opinion publique réclamait depuis longtemps en sa faveur. Par décret du chef du pouvoir exécutif en date du 19 juillet dernier, il a été nommé chevalier de la Légion-d'Honneur.

PHALSBOURG

La défense de cette place forte est un des beaux faits
de guerre de l'année 1870. Le récent procès Cerfbeer et le
démantèlement des remparts, au grand regret des habitants, ont de nouveau attiré l'attention sur l'héroïque petite
cité. Les magnifiques pierres de taille de l'enceinte de
Vauban gisent maintenant pêle-mêle dans les fossés.
Bientôt on ne verra plus de traces d'un siége qui dura
quatre longs mois, pendant lesquels la garnison souffrit
tour à tour, sans se plaindre, du feu, de la famine et de
la maladie. Le commandant supérieur, M. Taillant, et son
conseil de défense ont mérité, à juste titre, des éloges de
la part du Conseil d'enquête, dans sa séance du 12 avril
dernier.

Ce fut le neuf août que Phalsbourg fut investi. Tous les
esprits étaient encore sous le poids de la douleur occasionnée

Phalsbourg

par la vue de la déroute de l'armée du maréchal de Mac-Mahon.[1] Si quelques défaillances s'étaient montrées, elles avaient été vite réprimés par l'attitude calme et digne de la garnison prête à faire son devoir. Aussi sous l'énergi-

[1] Voici un petit passage sur cette retraite que les Phalsbourgeois virent pendant trois jours :

«Saverne, 7 août, *5 heures du soir*. — Ordre de mettre tout le «monde en route pour Phalsbourg. Cette petite place n'est qu'à quelques «kilomètres Nord-Ouest de Saverne. Peut-être allons nous essayer de «nous y rallier. Allons, en route. J'arrive, il est près de neuf heures. «Quel encombrement partout! quel désordre. Je rencontre encore l'ad-«ministratif au plus beau cheval tué. Cette fois il est dans une bonne ca-«lèche, tout seul ; après cela, c'est bien naturel, puisque son plus beau «cheval a été tué sous son domestique. Le maréchal est resté à Saverne.

«*8 août*. — Le maréchal arrive seul de Saverne à Sarrebourg, brûlant «Phalsbourg, et les troupes ont reçu l'ordre le 8, à minuit, de partir pour «Sarrebourrg, distant de Phalsbourg de 14 kilomètres au plus. Sur quel «point s'opère la retraite? Probablement sur Lunéville....

«*9 août*. — Je viens d'arriver à Lunéville.... C'est navrant.... Qui «diable nous presse ainsi? L'ennemi ne semble pas du tout nous suivre. «Ne pourrait-on pas facilement se réorganiser dans une place forte comme «Phalsbourg? Est-ce que cela ne valait pas mieux que de courir à perpé-«tuité, d'éreinter les hommes qui ont si vaillamment combattu, et d'en «arriver à l'indiscipline, qui commence déjà à s'infiltrer parmi nos infortunés «fuyards! Comme tout cela est mal dirigé, mon Dieu! *(De Frœschwiller à Sedan, Journal d'un officier du 1er corps*.... Tours, librairie Hachette, «novembre 1870, in-18, p. 30-32.)

Si jamais cette petite brochure tombe entre les mains de l'auteur, il apprendra que son administratif au plus beau cheval tué, fut arrêté à Phalsbourg comme *espion prussien*, par un de ses coreligionnaires , offi-cier de la garnison, qui plus tard....

que commandement du chef de bataillon Taillant, tous les chefs de service rivalisèrent de zèle et de dévouement. Dans les premiers jours, il est vrai, il n'y avait que les canons posés sur les remparts, mais après le 10 août, les capitaines Thomas, commandant l'artillerie de la place, et Dejean, chef du détachement du 9e d'artillerie [1] monté, déployèrent dans l'armement tant d'intelligence et de dévouement que bientôt les bastions et les courtines présentèrent un front menaçant et bien gardé. Sur 65 pièces dont se composait l'armement, il n'y en avait cependant que 15 rayées. Les munitions ne manquaient pas, les deux poudrières étaient remplies de barils de poudre, les cartouches d'infanterie se montaient au chiffre énorme de **2,778,000** etc. Au détachement du 9e vinrent se joindre 1° des bourgeois-canonniers-volontaires, presque tous ouvriers, qui furent toujours à leurs pièces; leurs modestes services furent complétement oubliés plus tard; 2° deux gendarmes, dont l'un, le brigadier Mory, de Rohrbach, n'avait quitté sa résidence qu'à l'arrivée de l'ennemi; il avait fait le coup de feu pour protéger sa retraite, et suivi d'un de ses camarades, avait gagné le 9 août Phalsbourg, en traversant péniblement la chaîne des Vosges ; 3° le détachement de La Petite-Pierre, et enfin 200 auxiliaires de la mobile,

---

[1] Le 9e arriva de Besançon à la station de Lutzelbourg par le chemin de fer, le 6 août au soir. Le détachement, fort de 52 hommes se composait, avec le capitaine commandant et le lieutenant en premier, Bruley, de 8 sous-officiers, 6 brigadiers, 6 artificiers et 10 servants de 1re classe, tous hommes parfaitement instruits, qui rendirent des services inappréciables pour l'instruction de la garde mobile et pour la défense.

pleins d'entrain et tout joyeux d'entrer de plein pied dans le poste le plus honorable de la défense.

L'artillerie fut de suite divisée en deux commandements égaux; le capitaine Thomas eut depuis la courtine du bastion N° 1 jusqu'au bastion N° 4 inclus. Ce front de défense était gardé par le 63e et les isolés. Le capitaine Dejean surveilla les trois autres bastions, l'artillerie occupait le N° 1 et les mobiles les Nos 5 et 6. (Arsenal et poudrière.)[1]

De son côté, le capitaine du génie de la place Desmarres, avec 4 sapeurs et 150 auxiliaires de la mobile, travaillait avec autant d'énergie à compléter les défenses. On fit les parapets, les embrasures, les plates-formes, les magasins, on plaça les sacs à terre, etc. L'artillerie et le génie purent ainsi rassurer complétement la population, dont une partie s'était enfuie, sur les éventualités d'une attaque de vive force, qui dans les premiers moments, malgré le bon état des remparts, avait paru assez probable, les fossés étant toujours à sec et les demi-lunes et les chemins couverts n'étant pas gardés. En outre, les jardins, les arbres, les haies permettaient aux tirailleurs ennemis de se glisser jusque sur les glacis. Ce ne fut que plus tard que l'on mit un caporal et quatre isolés dans chaque demi-lune. Les deux avancées des portes de France et d'Allemagne eurent un poste entier des mêmes soldats.

[1] Les bastions 1, 2 et 3 (la porte de France est entre les deux premiers) regardent la route de Sarrebourg; les 3 et 4, Lutzelbourg et le chemin de fer; les 4, 5 et 6, la route de Saverne, et les 5 et 6, la route de Sarrebrück.

Pour les vivres, Phalsbourg avait un dépôt considérable de biscuit et de farine. Aussi le commandant put-il faire distribuer 38,000 rations à l'armée en retraite. On détacha 17 mobiles à la manutention, où ils furent d'un grand secours à l'adjudant d'administration Mouriès.

La garnison se composait du 4e bataillon du 63e d'infanterie, commandant Darbour, adjudant-major, M. de Geoffroi, dont l'effectif atteignait 400 hommes; du 1er bataillon de la garde nationale mobile du département de la Meurthe, commandant le comte Villatte, ancien capitaine commandant au 9e hussards démissionnaire, fort de 865 soldats et de près de 400 traînards, malingres et blessés de Frœschwiller, qui formèrent 4 pelotons d'un bataillon d'isolés (on y voyait des turcos, avec trois de leurs officiers blessés, le capitaine Giraud, le lieutenant de Beaumont, le sous-lieutenant Sidi-Larbi-Bel-Aoussin, des zouaves, ayant à leur tête le brave sergent Malavialle du 2e, des chasseurs à pied, des cavaliers, etc.)

Le 10 août on vit du haut des remparts arriver l'extrême avant-garde du 11e corps prussien; puis un parlementaire demandant la reddition de la place avec menace de bombarder en cas de refus. Après une nouvelle sommation, l'ennemi vint mettre vers deux heures deux batteries en avant de la ferme d'Ivry, entre le hameau des Quatre-Vents et les Baraques. Le canon de la place leur fit voir qu'elles étaient trop près; elles filèrent précipitamment prendre une autre position, puis elles abandonnèrent le terrain, à la grande joie des défenseurs, qui applaudirent franchement au succès de notre artillerie.

Mais on n'était pas encore quitte. Ce n'était que le prologue des bombardements qui suivirent; car vers 6 heures et demie, l'artillerie de la 22e division reprit les positions du matin et vint s'établir devant les bastions 4 et 5, et agissant comme si elle n'avait rien à craindre du feu de l'assiégé elle commença le bombardement. Mais les nouveaux préparatifs de l'ennemi n'avaient pas échappé à la vigilance de nos officiers d'artillerie, chacun était à son poste de combat. Lorsque le premier obus tomba dans la ville, les bastions 4, 5 et 6 répondirent aussitôt. Les artilleurs animés par leurs officiers, pointaient leurs pièces avec un calme parfait et donnaient le plus noble exemple à leurs jeunes camarades de la mobile, qui exécutaient les détails d'une manœuvre si nouvelle pour eux. Dans de telles conditions, le tir devait être un peu lent, à cause de l'inexpérience des auxiliaires de la garde mobile, mais le pointage n'y perdait rien. Les Prussiens s'en aperçurent bien vite. Le tir fut de suite réglé, et les obus de 12, lancés par de bonnes pièces rayées faisaient de tels ravages dans les batteries ennemies, que plusieurs fois elles durent changer de position pour se soustraire aux coups de la forteresse.

En présence d'une artillerie si bien servie, qui pouvait couvrir de mitraille tout le pourtour de la fortification, le général de Gersdorff, commandant le 11e corps, qui avait voulu sonder nos dispositions, vit bien qu'une attaque de vive force était impossible. Aussi donna-t-il l'ordre de cesser de tirer après une heure et demie d'un feu des plus violents. La porte d'Allemagne fut criblée de projectiles.

Tous les défenseurs qui n'étaient pas employés à l'artillerie remplirent les sacs à terre pour couvrir les poudrières.

Le 88e régiment qui s'était tenu à distance respectueuse avec échelles, cordes, haches et tout ce qu'il fallait pour tenter l'escalade, et qui avait perdu du monde, alla s'installer dans le petit village de Danne.

Phalsbourg reçut près de 3000 projectiles. Le dommage ne fut pas cependant bien grand. Une seule maison sur la place (côté du levant) fut brûlée. Il y eut quelques soldats tués et des blessés. L'honneur de la journée appartint à l'artillerie, qui empêcha l'attaque de vive force et peut-être la prise d'assaut. Ce fut l'opinion de tous les officiers.[1] C'était le premier succès de la campagne, et il eut une grande influence morale pour la garnison; on pouvait donc tenir ! !

Les Prussiens avaient carrément échoué devant l'énergique résistance d'une petite place, qu'ils supposaient pouvoir enlever en passant. Leur désappointement était d'autant plus grand, que le succès qu'ils avaient rêvé, leur aurait donné la libre jouissance de la magnifique route impériale de Paris à Strasbourg, qui, pour comble de bonheur pour eux, était entièrement libre. Aucun ponceau de la côte de Saverne, aucun pont sur la route n'avaient été détruits. Ils pouvaient aller en avant jusqu'à Nancy en passant par Lunéville, sans rencontrer un seul obstacle. Le capitaine Durand de Villers, chef du génie de Marsal, avait eu cependant la patriotique inspiration de faire sauter quelques ponts du canal des houillères de la Sarre. Le pont sur la route impériale de Metz à Strasbourg était de ce nombre.

---

[1] Les maréchaux-de-logis Berg, Dupuy, (Charles) et le brigadier Rothemburger, du 9e, furent magnifiques d'entrain et de sang-froid.

ll avait sauté, le 11, de grand matin, à la barbe des éclaireurs ennemis, qui, quelques minutes plus tôt, auraient pu prendre le jeune capitaine et son conducteur. Ils purent rentrer sains et saufs à Marsal par une pluie battante.

Les convois ennemis étaient obligés de pénétrer en Lorraine par les petits chemins vicinaux des vallées de la Zorn et de la Zinzel. Quelques-uns, à l'ombre de la nuit, tournaient, par de mauvaises routes, les fortifications, ils quittaient alors le Grauffthal à la Scierie ou la route impériale au hameau des Quatre-Vents. Malheur à eux, si l'artillerie de la place les apercevait! Celle-ci ne restait pas inactive depuis le 10. Elle tirait sur tout ce qu'elle voyait. Les parlementaires ne manquaient pas, mais malgré leurs menaces d'un nouveau bombardement, ils n'essuyaient que des refus.

Le 12, un éclat d'obus atteignit, près la limite du département du Bas-Rhin, l'*Ober-Jæger* Ambros, Emile, du 2° bataillon de chasseurs de Silésie N° 6,[1] né à Carlsruhe en Silésie. Il fut enterré sous un hêtre au coin du bois près le Holderloch[2]. Ses camarades gravèrent grossièrement son épitaphe sur l'écorce de l'arbre. Plus tard, une colonne avec une grille fut placé sur son corps. La vue de cette tombe militaire fait naître de bien tristes pensées. Combien de parents errent encore maintenant dans les champs de bataille de Borny, de Mars-la-Tours ou de Gravelotte à la recherche d'un cadavre qui leur est cher! Combien

---

[1] Né le 22 août 1842.

[2] Limite des départements de la Meurthe et du Bas-Rhin. La vieille borne française a été enlevée et remplacée par une allemande.

leur douleur serait amoindrie s'ils pouvaient placer un modeste monument sur la tombe d'un fils, d'un frère ou d'un neveu mort pour la patrie !

Le 11e corps étant obligé de marcher en avant, ce fut le général de cavalerie de Tümpling, commandant le 6e corps, à qui fut réservé le triste honneur de faire le deuxième bombardement. Toute l'artillerie déboucha par La Petite-Pierre et, suivant la route impériale de Strasbourg à Saarbrück vint s'établir sur le plateau en avant du village de Vecheim. Dans la nuit du 13 au 14, 1160 hommes avaient construit de solides épaulements où les pièces se trouvaient aussi bien abritées que les assiégeants derrière les remparts. L'artillerie ennemie avait de plus le choix de la position et elle l'avait si bien choisie qu'elle prenait la ville dans sa plus grande longueur et largeur, et sur les 15 pièces rayées, qui faisaient le principal ornement de la place, 6 seulement purent être utilisées, et encore étaient-elles masquées par les arbres des jardins qui n'avaient pas encore été coupés de ce côté.

Quant aux pièces lisses, canons ou obusiers, on s'en servit pour tirer à boulet perdu dans les ravins où l'on supposait que l'ennemi pouvait avoir placé ses réserves, pour essayer une attaque de vive force ou pour lancer de la mitraille sur les nombreux tirailleurs qui se présentaient devant les bastions 1 et 2, en se cachant derrière les haies et les arbres de la campagne et dans l'île Parmentier.

Après avoir fait les sommations d'usage, le général de Tümpling fit commencer un feu terrible vers 7 heures et demie avec 60 pièces dont 24 lourdes. Pendant dix heures consécutives. 1800 obus tombèrent sur la ville. Presque tout le quartier situé près la porte de France devint un foyer d'incendie; une partie des maisons de la place d'Armes disparurent, l'église fut entièrement la proie des flammes. Outre les 47 maisons brûlées, presque toutes les autres et l'hôpital, que l'on dut évacuer au milieu d'une pluie de projectiles, furent plus ou moins maltraitées. Vers six heures du soir le feu cessa et le major de Reese fut envoyé avec des propositions de capitulation. Il fut introduit par la porte de France et il ne put s'empêcher de reculer à l'aspect des flammes et de l'épaisse fumée qui remplissaient les abords de la porte. Aidé par des officiers français, il franchit vivement ce passage dangereux. Le commandant Taillant le reçut dans son hôtel. Après l'avoir écouté froidement, il se laissa aller dans sa réponse à déplorer le malheur qui atteignait la petite ville dont il avait la garde; cela ne l'empêcha pas de refuser nettement toute capitulation, même avec la sortie libre de la garnison avec armes et bagages; puis s'élevant tout d'un coup à la hauteur du sujet, au milieu des crépitements de l'incendie et du bruit confus des plaintes de l'habitant, il se tourna vers l'officier allemand et lui dit ces nobles paroles, qui ne furent pas de vains mots dans sa bouche : «Continuez à tirer, «vous incendierez la ville, mais vous n'incendierez pas «nos remparts et nos canons, derrière lesquels vous nous «trouverez toujours si jamais vous montez à l'assaut!»

Tel fut le bombardement du 14, qui montra, une fois de plus, qu'avec une garnison remplie d'aussi bons sentiments et un commandant aussi habile, la défense pouvait se continuer. Cette journée coûta malheureusement bien des morts et des blessés. M. Lagrange, capitaine de la mobile et directeur de l'usine de Cirey, fut atteint de deux éclats d'obus. Le tiers de la ville était brûlé, ce qu'il y avait de plus malheureux, bien des provisions avaient eu le même sort, et en outre, par suite de la destruction des maisons, bien des citernes allaient être à sec ou enfouies sous les décombres. Phalsbourg manque d'eau, un maigre conduit l'amène de la montagne (d'Hültenhausen, à 5 kil. sud). On s'attendait à chaque instant à ce que l'ennemi le coupât. C'est ce qui arriva le lendemain. Aussi par le temps de sécheresse qui signala les premiers jours des opérations militaires, le commandant avait ordonné de ne plus laver à la fontaine publique, l'eau étant réservée soit pour la garnison, soit pour les chevaux. Lors du bombardement du 14, la place d'Armes fut sillonnée d'obus, l'église et la maison voisine devinrent un foyer de flammes, la fontaine fut abandonnée ; un brave enfant du désert s'en aperçut, et, au milieu d'une grêle de projectiles, il s'empressa d'y aller laver son linge et d'y faire les ablutions chères à Mahomet, à la grande stupéfaction des officiers qui traversaient la place pour porter des ordres. Un beau trait d'un mobile nous reste à citer, le caporal Longfils, blessé d'un éclat d'obus à la tête, vint tranquillement reprendre son poste à sa pièce, dès qu'il eut été pansé. Le général de Tümpling, de son côté, voyant qu'il avait fait tout ce qu'il avait à faire et ayant reçu l'ordre de ne rester qu'un jour devant Phalsbourg, continua le lendemain sa marche sur Sarrebourg.

Quatre jours après, les bataillons des régiments de landwehr Nos 31 et 71 arrivèrent pour investir définitivement la place. Ils restèrent devant Phalsbourg jusqu'à la fin du blocus. Ils étaient cantonnés dans les nombreux villages et hameaux des environs, et même à Sarrebourg. Les assiégés commencèrent alors à raser tout ce qui gênait la défense autour de la ville. On ne put qu'aller très-lentement, les tirailleurs ennemis empêchant souvent le travail.

Pour assurer plus complétement l'exécution de cette mesure, une petite sortie fut dirigée le **24** août contre les Baraques-du-Bois-de-Chêne-d'en-bas. La colonne s'avança vivement, protégée par les canons de la place. Les turcos chassèrent les Prussiens des carrières, où était leur poste principal, mais deux bataillons ennemis s'étant réunis, on battit en retraite en bon ordre avec un peu de bétail et un prisonnier. Sortis à 4 heures et demie du matin, les assiégés étaient rentrés à **8** heures.

Le lendemain, autre sortie vers les Maisons-Rouges, situées au pied de la côte de Mittelbronn, pour les mêmes motifs que la précédente. Comme toujours les isolés ouvrent la marche, puis le 63e et les mobiles. Ces petites expéditions étaient fort du goût de la garnison. Elles rompaient la monotonie du blocus et prêtaient le soir dans les chambrées à des récits plus ou moins fantastiques; la noble conduite des tirailleurs algériens, toujours les premiers au feu, était racontée, et ces récits naïfs se répandaient plus ou moins amplifiés dans tout le pays, qui les accueillait avec joie. C'étaient les seules nouvelles de l'armée que l'on avait. Jamais les turcos n'avaient eu autant de succès.

On s'empara aux Maisons Rouges de quelques bestiaux et on rentra vers 9 heures, lorsque le chef du détachement se fut aperçu que les Prussiens voulaient nous couper.

Deux jours après, nouvelle expédition, encore sur les Baraques-du-Bois-de-Chêne-d'en-bas. Elle eut le même résultat que les précédentes. On dit que les assiégeants n'eurent dans ces deux dernières journées que 10 blessés, les assiégés de leur côté auraient perdu 3 morts et 20 blessés. Encore un beau trait d'un garde mobile ; le sergent-fourrier Noir, de la 4e compagnie, voyant près d'une haie à côté d'une maison crénelée des Baraques un soldat du 30e de ligne, étendu sans vie, tenta de le relever sous une grêle de balles.

Malgré ces sorties, l'instruction de la garde mobile et le nettoiement autour de la place étaient menés bon train. La ville commençait à respirer, lorsque tout à coup, le 31 août au soir, vers 10 heures, le major de Giese, qui commandait les troupes d'investissement, ayant reçu de Strasbourg une batterie, résolut d'en donner de suite l'étrenne aux habitants. On peut juger de la stupéfaction des assiégés. Tous commencèrent à regagner leurs casemates. L'artillerie de la place répondit avec vigueur et tout cessa au bout d'une heure, sans avoir occasionné du dommage.

L'héroïque résistance de Phalsbourg excitait en France et dans toute l'Europe la plus vive sympathie. C'est à qui pouvait donner des nouvelles de ce poste glorieux. Un journal proposa même de donner la croix de la Légion d'honneur à la petite ville.

La première quinzaine du mois de septembre fut remplie par l'arrivée de quelques parlementaires, par les séances des deux Conseils de guerre, par la rentrée de quelques Phalsbourgeois qui avaient cru devoir se retirer au moment de l'investissement.

Le 14, la sortie du hameau de Buchelberg à 4 heures du matin, fut la plus meurtrière du blocus. Un détachement fort de 500 hommes, sortit par la porte d'Allemagne, sous les ordres du capitaine Giraud. Le sous-lieutenant Icard, du 63e, conduisait la colonne d'attaque et le lieutenant Chatelain, de la 5e compagnie, commandait 40 mobiles. Les soldats animés par ces officiers, enlevèrent vigoureusement la barricade qui défendait l'entrée du hameau, chassèrent les Prussiens du village, firent déguerpir à coups de chassepot un détachement de chevau-légers bavarois, puis des mobiles chargés de faire rentrer le bétail, s'élancèrent dans les écuries. Il y eut 40 bêtes à cornes prises. Mais ce butin coûta assez cher, deux morts, un de la ligne et un de la mobile, une vingtaine de blessés ; l'ennemi en eut peut-être plus. Enfin, après avoir fait deux prisonniers, le sous-lieutenant Icard fit retirer son monde lorsqu'il eut vu les forces se masser. Le commandant Taillant, pour récompenser la garnison, lui accorda un quart de vin, comme il l'avait fait déjà le 27 août. [1]

Les Prussiens, pour punir les assiégés de cette sortie et du tir continuel sur leurs convois, essayèrent le lendemain de bombarder. Mais ils se lassèrent bientôt, l'artillerie de la place ayant de suite montré sa supériorité.

Le mois d'octobre se passa assez tristement; il y avait longtemps que la viande de cheval était la seule viande possible, le sel manquait tout à fait. Le commandant chercha à faire face à la situation, il imposa quelques réquisitions aux bourgeois. Le mois de novembre fut atteint.

---

[1] Le sergent-major Bœltz, du 96e, se distingua à cette sortie.

On était presque sûr de ne plus être secouru ; mais la résistance était toujours à l'ordre du jour. Il fallait pour cela ménager les vivres, tout en n'imposant pas trop de privations aux hommes. La garnison se montrait comme toujours animée du meilleur esprit, lorsque tout d'un coup on apprit qu'un capitaine de la mobile, M. Cerfbeer, de la 8e compagnie, sorti avec d'autres officiers, sous le pavillon parlementaire, avait refusé à Lutzelbourg de rentrer, sous prétexte qu'il avait donné sa démission au commandant et qu'il se rendait prisonnier sur parole. Ce malheureux incident changea le cours de bien des idées ; la honte d'une telle lâcheté fit retrouver aux plus tièdes le séjour de Phalsbourg plus confortable que le toit paternel, et toute la garnison réclama la mise en jugement du capitaine déserteur.

Le bombardement de la nuit du 24 novembre vint ranimer les esprits. On tirait sur la ville de trois côtés à la fois, mais la place répondit avec la plus grande vivacité. Commencé à 10 heures et demie, le feu ne cessa qu'à 2 heures du matin. Jamais l'artillerie n'avait tiré avec autant de succès. Depuis longtemps on cherchait à atteindre la gare de Lutzelbourg, pour démolir cette partie importante du chemin de fer de Paris, on y parvint cette nuit-là, à la grande frayeur des habitants de la vallée. Les projectiles dépassèrent la station. Quelque temps avant, un obus avait enlevé un pan de mur d'une tour du vieux château. Ce fut la dernière fois que le canon français retentit avec une telle force ; il fit voir à l'ennemi que l'on devait encore compter avec les artilleurs de Phalsbourg. D'après le rapport prussien, un officier et un soldat du 71e furent blessés. [1]

Mais les jours de la défense étaient malheureusement comptés. Les vivres allaient manquer. Ce que ni le fer ni le feu n'avaient pu faire, la famine allait l'exécuter. On devait forcément se rendre. Avant d'entamer des négociations plus ou moins difficiles, le commandant Taillant, fidèle au règlement militaire, donna l'ordre de détruire et d'enclouer son artillerie, ses munitions, ses 11,000 fusils, scier ses affûts, tout enfin ce que l'ennemi pouvait utiliser dans la suite de la guerre, ou présenter comme trophée. Pendant que tous les soldats étaient employés à cette destruction calculée, d'autres broyèrent comme ils purent avec les grossiers moulins du blé pour avoir encore de la farine pour quelques jours. Le capitaine d'artillerie de la place, M. Thomas, non content de ne rien laisser à l'ennemi, voulait encore faire sauter les bastions et les demi-lunes. Mais le conseil de défense lui représenta avec raison, que les habitants et les malades de l'hôpital militaire et du lazaret pourraient en souffrir énormément. Cette opinion du capitaine était, du reste, partagée par beaucoup d'officiers.

Pendant que les soldats s'empressaient de se conformer

---

[1] Une auberge du hameau des Quatre-Vents a pour enseigne : *Au blocus de Phalsbourg* : deux projectiles sont incrustés dans le mur, l'un avec la date du 18 septembre 1814; l'autre avec celle du 24 novembre 1870.

Les villages des environs ne souffrirent pas du canon de la place; le commandant Taillant, par humanité, avait ordonné de les épargner. A peine si un ou deux obus pénétrèrent dans les maisons.

aux ordres de la place. M. Taillant envoya, par une neige épaisse, au chalet de Lutzelbourg, où résidait le major de Giese, trois de ses officiers, le comte Villatte, MM. Desmarres et de Geoffroy, conduits en traîneau par les deux derniers chevaux qui restaient. C'était le 12 décembre. A leur entrevue avec le commandant prussien, les officiers français ne voulurent pas consentir à la rédaction d'un traité spécial, ils déclarèrent s'en référer simplement à la lettre qu'ils apportaient et qui fut de suite envoyée au comte de Bismarck-Bohlen, gouverneur de l'Alsace. Elle se terminait par cette belle phrase, résumé de tout le siége : « Les portes de Phalsbourg sont ouvertes, on trouvera les «défenseurs sans armes, mais non vaincus....»

Pendant les négociations, le commandant Taillant publia son dernier ordre de jour, Il y remerciait chaleureusement tous les corps de la garnison, du bon concours qu'ils avaient apporté dans l'œuvre commune et il déclarait que les défenseurs de Phalsbourg avaient, sur son honneur, bien mérité de la patrie!

L'Assemblée nationale étant à Bordeaux, ratifia ces paroles le 16 février suivant, et les nombreuses récompenses accordées aux défenseurs de Phalsbourg montrèrent que la patrie était reconnaissante.

Le major de Giese envoya de suite un télégramme à Strasbourg, annonçant que la garnison se rendait à merci et que l'occupation aurait lieu le lendemain à 10 heures du matin. L'occupation par les troupes prussiennes et un escadron du 6e chevau-légers bavarois, n'eut lieu que le 14 à midi. Le 63e et les isolés avaient été, une heure avant, conduits à Lutzelbourg pour prendre le chemin de fer. Ils furent in-

ternés, comme toute la garnison, à Stettin. Le lendemain
à onze heures, ce fut le tour de la mobile et des officiers à
prendre le chemin de la captivité. Le roi de Prusse, pour
reconnaître la bravoure de la garnison, avait ordonné de
laisser aux officiers leur épée et leurs bagages et aux
soldats leur sac.

Pour bien juger de la grandeur de l'acte que le commandant Taillant crut devoir prendre en détruisant ses munitions, il est peut-être utile, pour terminer ce petit compte-
rendu sommaire de la défense de Phalsbourg, de citer entièrement un extrait de l'ouvrage si remarquable du lieu-
tenant-colonel d'État-major Ch. Fay, ouvrage intitulé :
Journal d'un officier de l'armée du Rhin. Paris, Du-
maine, 1871, page 280. Après avoir déclaré que le
maréchal Bazaine aurait dû faire sauter les forts, détruire
les affûts, détériorer les canons, casser les fusils, brûler
les poudres, mettre au feu les drapeaux, et cette destruction opérée, ouvrir les portes et dire : Entrez, vous êtes
les maîtres ! — Qu'auraient fait les Prussiens « en face de
«poitrines nues, sans défense?» — «Les Prussiens, répond le
«colonel, auraient pu prendre cependant un parti très-sim-
«ple, paraît-il, mais auquel, je l'avoue, aucun de nous
«n'avait songé. Le voici exposé avec une certaine forme
«dramatique par le général prussien, auteur de la brochure:
«*Der Krieg um Metz.*»

«Si le maréchal, si son armée n'avaient pas tenu compte
«de cet usage des nations civilisées (de livrer leurs armes
et leurs drapeaux en capitulant), les vainqueurs n'auraient
«plus été obligés, de leur côté, de se conformer aux règles
«des belligérants. Le cercle de fer n'ayant plus devant lui

«que des soldats sans armes, se serait fait plus impéné-
«trable que jamais, *tout au plus*, se serait-il ouvert pour
«laisser passer les habitants innocents de cette ville, et,
«en peu de jours, *la faim aurait terminé son œuvre,*
«*elle aurait étouffé* dans un affreux silence toutes ces
« voix qui s'élèvent aujourd'hui pour accuser le maréchal ! »

« Il nous semble, *jusqu'à un certain point* regrettable,
«ajoute le colonel, que cette page glorieuse n'ait pas pu
«être attachée à l'histoire de la Prusse civilisée pour l'hon-
«neur du XIXe siècle. Hâtons-nous d'ajouter que les
«défenseurs de Phalsbourg ont détruit leurs armes et n'ont
«été l'objet d'aucune rigueur.»

APPENDICE

DOCUMENTS OFFICIELS

RECUEIL

DES

PRINCIPAUX ACTES OFFICIELS

I.

ORDRE DE LA DIVISION. [1]

Monsieur le général de Lajaille, commandant l'artillerie dans la 5ᵉ Division, ayant reçu une autre destination, Monsieur le colonel de Girels en a pris le commandement, à compter du 21 juillet dernier.

Metz, le 3 août 1870.

Le général commandant la 5ᵉ division militaire,

signé : CRESPIN.

Pour copie conforme :

Le général commandant la Subdivision,

signé : LA CHARRIÈRE.

[1] Ce fut le dernier ordre reçu de la division à Phalsbourg.

II.

DÉCRET IMPÉRIAL.

NAPOLÉON, par la grâce de Dieu et la volonté nationale, empereur des Français, à tous présents et à venir, salut, avons décrété et décrétons ce qui suit :

Article premier.

Les villes de Metz, Verdun, Montmédy, Longwy, Thionville, Bitche, Strasbourg et les places de l'Alsace, Phalsbourg, Marsal, Toul, Belfort, sont déclarées en état de siége.

Article 2.

Notre major général de l'armée est chargé de l'exécution du présent décret.

Fait à Metz, le 7 Août 1870.

NAPOLÉON.

Par l'empereur,

Le maréchal de France, major général de l'armée,

Signé : LEBŒUF.[1]

ORDRES DE LA PLACE DE PHALSBOURG.

III.

ORDRE DE LA PLACE.

Le commandant de Place adresse ses félicitations à la garnison de Phalsbourg pour sa belle conduite pendant les deux bombardements que la ville vient de subir. Tous ont fait admirablement leur devoir.

[1] Ce décret n'est point parvenu en Alsace.

Artillerie,

Infanterie,

1er Bataillon de la mobile de la Meurthe,

Canonniers volontaires.

Dans les circonstances présentes, la France et l'empereur apprendront avec fierté l'énergique résistance de la petite garnison de Phalsbourg.

Phalsbourg, le 15 Août 1870.

Le commandant de Place,

signé : TAILLANT.

IV.

ORDRE DE LA PLACE.

A dater de demain 21 octobre, les hommes qui auront passé la nuit sur les remparts ou dans les postes de la Place, recevront à 7 heures et demie du matin une ration d'eau-de-vie.

La viande, devenant très-rare, il n'y aura de soupe grasse que tous les deux jours. Les autres repas seront composés de la manière suivante :

Le matin : soupe au café. Il sera perçu, à cet effet, en sus de la ration, 125 grammes de pain et une ration de sucre de 11 grammes.

Le soir, soupe maigre aux haricots, à la semoule ou à la pâte d'Italie.

Le repas du matin du 2e jour sera composé d'une soupe maigre.

Phalsbourg, le 20 octobre 1870.

Le commandant de Place,

signé : TAILLANT.

V.

ORDRE DE LA PLACE.

Composition provisoire du 1er Conseil de guerre.

Conformément aux dispositions de l'article 10 du Code de justice militaire, le 1er Conseil de guerre permanent de la place de Phalsbourg, en état de siége, appelé à juger le capitaine Cerfbeer du 1er bataillon de la garde nationale mobile du département de la Meurthe, prévenu de désertion à l'ennemi, sera modifié et composé ainsi qu'il suit, soit en raison du grade de l'accusé, soit en raison des motifs d'incompétence prévus par ledit Code.

Président M. Dejean, capitaine au 9e d'artillerie, en remplacement du commandant Villatte, qui a porté la plainte (Art. 24, § 9).

M. Giraud, capitaine au 3e tirailleurs, en remplacement de M. le lieutenant Bruley, incompétent.

M. Blondiaux, capitaine au 5e lanciers, en remplacement de M. le lieutenant Sidot, incompétent (art. 16).

M. Giuganti, capitaine au 63e de ligne.

M. Lagrange, capitaine au 1er bataillon de la garde nationale mobile de la Meurthe.

M. Abbadie, capitaine audit bataillon, en remplacement de M. le sous-lieutenant Icard, incompétent (art. 10).

M. Bidot, capitaine au 63e, en remplacement de M. le maréchal-des-logis Vignes, incompétent.

Commissaire impérial : M. de Geoffroy, capitaine au 63e.

Rapporteur : M. Millet, capitaine au 81e.

Greffier : M. Favreaux, sergent-major au 21e.

Commis-Greffier : M. Streiff, sergent au 96e.

Phalsbourg, le 14 novembre 1870.

Le commandant de Place,
signé : TAILLANT.

VI.

ORDRE DE LA PLACE.

Ordonnance en jugement à un coutumax de se présenter.

Le chef de bataillon, commandant la place de Phalsbourg, en état de siége, met à l'ordre du jour de la Place, l'ordre de M. le Président du 1er Conseil de guerre permanent, ainsi conçu :

« Premier Conseil de guerre de la place de Phalsbourg en état de siége. »

«Le Président du 1er Conseil permanent de la place de Phalsbourg, en «état de siége, séant à l'Hôtel-de-Ville, a rendu l'ordonnance suivante :

«Nous, Président du 1er Conseil de guerre de la place de Phalsbourg «en état de siége, vu l'ordre de mise en jugement, donné le 18 novembre «mil huit cent soixante dix, par le chef de bataillon, commandant la «place de Phalsbourg en état de siége, contre le nommé Cerfbeer, «Théogène, capitaine à la 8e compagnie du 1er bataillon de la «garde nationale mobile de la Meurthe, absent et coutumax, accusé de «désertion devant l'ennemi, crime puni par l'article 238 du Code de jus-«tice militaire.

«Vu l'acte de notification au dernier domicile connu dudit, avec per-«quisition de sa personne.

«Ordonnons en exécution de l'article 175 du Code de justice militaire «au nommé Cerfbeer, Théogène, de se présenter, dans un délai de 10 «jours, devant le 1er Conseil de guerre de la place de Phalsbourg, en état «de siége, séant à l'Hôtel-de-Ville, pour y être jugé sur ladite accusation «et à cet effet à se constituer en état d'arrestation, dans la prison de ville «de Phalsbourg.

«Disons que notre présente ordonnance sera mise à l'ordre du jour de «la Place.

«Fait à Phalsbourg, le 18 novembre 1870.

«Le président du 1er Conseil de guerre permanent,

«signé: DEJEAN.»

Phalsbourg, le 19 novembre 1870.

Le chef de bataillon, commandant la place de Phalsbourg en état de siége,

signé : TAILLANT.

VII.

ORDRE DE LA PLACE.

Dans sa séance du 30 novembre 1870, le 1er Conseil de guerre permanent de la place de Phalsbourg, en état de siége, a condamné, par contumace, à la peine de mort avec dégradation militaire, le nommé Cerfbeer, Théogène, capitaine à la 8e compagnie du 1er bataillon de la garde nationale mobile de la Meurthe, accusé de désertion à l'ennemi, dans la journée du 6 novembre 1870, conformément à l'article 238 du Code de justice militaire.

Phalsbourg, le 30 novembre 1870.

Le commandant de Place,

signé : TAILLANT.

VIII.

ORDRE DE LA PLACE.

Avant de se séparer de la brave garnison, qui a si vigoureusement défendu Phalsbourg pendant quatre mois, le commandant de Place, commandant supérieur des troupes, désire lui adresser ses vives félicitations.

Il rend un chaleureux hommage au concours et à l'abnégation dont les officiers de toutes armes ont fait preuve dans des circonstances aussi difficiles.

Il remercie le génie du zèle intelligent, avec lequel il a su mettre promptement la Place en état de défense.

Il n'oubliera jamais le sang-froid de l'artillerie, dirigeant son feu d'une précision redoutable sur les batteries et les colonnes ennemies.

Il félicite le 4e bataillon du 63e, le corps des isolés, le 1er bataillon de la garde nationale mobile de la Meurthe, du courageux concours qu'ils ont prêté aux autres armes, soit en maniant la pioche ou l'écouvillon, soit en repoussant victorieusement l'ennemi dans les sorties ou dans les tentatives d'assaut.

Il se plaît à reconnaître que le corps de santé militaire et MM. les officiers des hôpitaux et des subsistances ont montré un dévouement au-dessus de tout éloge, les uns, en bravant la hideuse épidémie qui a sévi sans relâche, les autres, en procurant à la garnison et aux habitants les moyens de conjurer la maladie et la famine, pendant un laps de temps si considérable.

Il est heureux de signaler les secours de la gendarmerie, de la garde nationale sédentaire et des pompiers.

Défenseurs de Phalsbourg !

Votre commandant déclare sur son honneur que vous avez bien mérité de la patrie!!!

Le manque de vivres et l'éloignement des armées françaises ne nous permettent pas de lutter plus longtemps, et nous forcent à noyer nos poudres, détériorer nos pièces et nos projectiles, avant d'avertir l'ennemi que les portes lui sont ouvertes.

Que les Prussiens ne s'y trompent pas, nous nous désarmons volontairement, pour mettre un terme aux souffrances des habitants, des blessés et des prisonniers de guerre, mais nous n'avons jamais été vaincus !

Phalsbourg, le 12 décembre 1870.

Le commandant de Place, commandant supérieur des troupes,

TAILLANT.

DOCUMENTS ALLEMANDS.

I.

NOUS GUILLAUME,

ROI DE PRUSSE,

faisons 'savoir ce qui suit aux habitants des territoires français occupés par les troupes allemandes :

L'empereur NAPOLÉON ayant attaqué par terre et par mer la nation allemande, qui désirait et désire encore vivre en paix avec le peuple français, j'ai pris le commandement de l'armée allemande, pour repousser l'agression, et j'ai été amené par les événements militaires à passer les frontières de la France. Je fais la guerre aux soldats et non aux citoyens français. Ceux-ci continueront, par conséquent, à jouir d'une entière sécurité pour leurs personnes et leurs biens, aussi longtemps qu'ils ne me priveront pas eux-mêmes, par des entreprises hostiles contre les troupes allemandes, du droit de leur accorder ma protection.

Les généraux commandant les différents corps détermineront par des dispositions spéciales, qui seront portées à la connaissance du public, les mesures à prendre envers les communes et les personnes qui se mettraient en contradiction avec les usages de la guerre. Ils régleront de la même manière tout ce qui se rapporte aux réquisitions qui seront jugées nécessaires pour les besoins des troupes, et ils fixeront la différence du cours entre les valeurs allemandes et françaises, afin de faciliter les transactions individuelles entre les troupes et les habitants.

GUILLAUME.

MM. les Maires sont invités à placarder la présente affiche.

Wissembourg, typographie F.-C. Wentzel.

II.

Aux habitants du département du Bas-Rhin.

Votre territoire étant occupé par les troupes allemandes, le soussigné inspecteur général des étapes se charge de son administration. La guerre se fait contre votre gouvernement et non contre des citoyens paisibles. Soumettez-vous sans opposition aux exigences que la guerre rend nécessaires, dans ce cas, il y aura protection pour vos personnes et pour vos biens.

Conformément au § 18 (4), Partie II du Code pénal militaire de l'armée prussienne, je proclame l'état de siége pour tous ceux qui sciemment mettent en danger ou causent un préjudice à l'armée de sa Majesté le roi de Prusse ou à celles de ses alliés, ou qui favorisent les troupes impériales françaises, et je porte à la connaissance du public, que les personnes ne faisant pas partie des troupes françaises sont punies de **la peine de mort,** dans les cas suivants :

1° Lorsqu'elles serviront d'espions aux troupes impériales françaises ou lorsqu'elles auront accueilli, caché ou aidé des espions français ;

2° Lorsqu'elles auront montré volontairement les chemins aux troupes françaises, ou indiqué, comme guides ou intentionnellement de faux chemins aux troupes de sa Majesté le roi de Prusse ou de ses alliés ;

3° Lorsqu'elles auront tué, blessé ou volé, par vengeance ou par cupidité, des personnes appartenant à l'armée de sa Majesté le roi de Prusse et de ses alliés ;

[1] Imprimé avec le texte allemand en regard ; affiché lors du passage de M. de Gotsch.

4° Lorsqu'elles auront détruit des ponts ou des canaux, des chemins de fer ou des fils télégraphiques, ou rendu des chemins impraticables, ou mis le feu aux munitions, provisions de vivres, effets de guerre ou aux quartiers des troupes;

5° Lorsqu'elles auront porté les armes contre les troupes de sa Majesté le roi de Prusse ou de ses alliés.

Les autorités du territoire occupé restent en fonctions jusqu'à nouvel ordre, et continueront à fonctionner sous ma propre autorité. Ces fonctionnaires ne conservent aucun rapport administratif avec les autorités françaises en dehors du département, mais seulement avec moi-même ou avec les employés nommés par moi. Les contrevenants seront punis de suspension, ou mis en état d'arrestation.

L'inspecteur général des étapes de la 3e armée,
signé : DE GOTSCH, lieutenant-général.

Soultz, le 8 août 1870.[1]

III.

PUBLICATION.

La commune de ..... est avertie par le présent, que si, au détriment des troupes allemandes, on commettait des dégâts sur les lignes de communication, soit routières, soit télégraphiques, la commune la plus rapprochée en serait responsable et subirait une peine d'au moins

„Deux mille francs"

dont le remboursement serait garanti par tous les effets mobiliers de la commune ou par les membres du Conseil municipal.

L'inspecteur général des étapes de la 3e armée,
signé : DE GOTSCH, lieutenant-général.

(Manuscrit.)

[1] Autographié. Affiché de suite dans les villages, en même temps que le texte allemand, imprimé chez L. Georges *in Landau.*

DÉPÊCHES OFFICIELLES FRANÇAISES.

N° I.

Metz, samedi 6 août.

Reçu au ministère de l'Intérieur à 1 heure.

Aujourd'hui les corps d'armées massés aux environs de Metz font des mouvements stratégiques. Demain et après-demain, plus longtemps encore peut-être, ces marches continueront sans qu'il soit possible de dire à quel moment et sur quel point on se concentrera.[1] *L'ennemi paraît vouloir tenter quelque chose sur notre territoire, ce qui nous donnerait de grands avantages stratégiques.*

[1] Il paraîtra peut-être curieux au lecteur d'assister à une de ces marches pour bien se rendre compte du fonctionnement d'institutions aussi bêtes. La scène se passe n'importe où, dans les champs de la Lorraine allemande, les derniers jours de juillet 1870 (comme renseignement utile, disons que l'armée allemande s'organise à Mayence). A une heure du matin, un cavalier mystérieux arrive au camp ventre à terre, demande la tente de l'officier commandant le détachement, lui remet un pli cacheté. Il s'agit d'envoyer une reconnaissance sur la frontière; on craint quelque chose pour ce soir ou demain matin, on partira dans une heure. La nouvelle circule; pendant que les hommes commandés se forment pour partir, tout le camp s'est éveillé; on aiguise les sabres et on s'apprête à plier bagages. A trois heures, tout le monde est prêt; où va-t-on? Personne ne

N° II.

Metz, 7 août, 8 h. 30 du matin.

.....Mac-Mahon, après la bataille de Reichshoffen, s'est retiré en bon ordre, en couvrant la route de Nancy.

N° III.

Le major-général au général de Failly.

Metz, 7 août.

L'empereur maintient les ordres qu'il vous a déjà donnés [1] et d'après lesquels, vous devez vous retirer avec vos troupes sur le camp de Châlons.

le sait. Un familier coquet met le détachement sur une route, puis, tout d'un coup, ne sachant pas où l'on va, se met à la recherche d'instructions moins vagues. La troupe se range sur un côté de la route, et durant des heures, assiste au défilé d'autres détachements.

« Tiens! c'est vous! qu'est-ce que vous faites-là? — Nous attendons. — Où allez-vous? — Nous ne savons pas encore. — Tiens! c'est comme nous hier; nous avons fait ce jour-là une fameuse partie de drogue; vous allez voir cela! »

« Un officier ultra-galonné arrive au triple galop.

« Tiens! qu'est-ce que vous faites-là, vous! — Nous attendons. — De quelle division? — Tel régiment, telle brigade, telle division, tel corps..... Ah bah! mais vous devriez être là-bas, d'où nous sortons. — Vous êtes sûr? — Parfaitement; du reste cela ne me regarde pas; bonne chance! adieu! »

« Les hommes murmurent; pour les faire patienter, on leur fait faire le café. Des heures se passent. Arrive une estafette qui nous cherche pour nous faire rejoindre, on revient sur ses pas, et on attend; deuxième café. Au bout de quelques jours, les hommes connaissent la plaisanterie; au deuxième ou au troisième café, ils se débarrassaient de leurs sacs et faisaient la soupe....» (E. J... *Les Vaincus de Metz*, Paris, 1871. P. 35-36.)

Note de la page 62.

¹Ordres envoyés à Bitche et non reçus. Ils justifient ainsi la marche du général qui, dès la nouvelle de la bataille de Frœschwiller, fit assembler à 7 heures du soir son conseil de guerre. Après avoir déclaré que Bitche serait laissé avec une garnison[a], et avoir reconnu que les routes et le chemin de fer étaient déjà à quelques lieues de la ville entre les mains de l'ennemi, sauf le chemin de Phalsbourg par la montagne, le conseil résolut de gagner de suite cette ville, pour défendre avec le premier corps le passage de Saverne.

L'ordre du départ fut donné à 9 heures, les bagages furent laissés à Bitche. En chemin, le général rallia à Lemberg, (route de Bitche à Wasselonne) la brigade de Maussion (49ᵉ et 88ᵉ de ligne), venant de Rohrbach. D'après la dépêche ci-dessus trouvée à La Petite-Pierre, qu'avait quittée quelques heures avant le général Ducrot[b], le 5ᵉ corps laissa Phalsbourg sur sa gauche et se dirigea sur Sarrebourg pour opérer sa jonction avec Mac-Mahon. Le général arriva par une route indirecte à 7 heures du soir à Sarrebourg. Il avait rejoint la route impériale près Lixheim, et il avait laissé à Vieux-Lixheim, sur la nouvelle de l'approche des Prussiens, de l'artillerie et de la troupe, pour défendre la position. Ce mouvement avait rempli la population de terreur, et elle se réfugia dans la montagne. Le général chef d'état-major Besson prit la route directe de La Petite-Pierre à Sarrebourg, en passant par Drulingen et Sarraltroff, il arriva six

[a] Le 5 août, le général de Failly ayant demandé des artilleurs pour la place de Bitche, reçut de Metz la réponse qu'il n'était pas possible de lui en envoyer. Il n'avait qu'à utiliser les artilleurs de la garde mobile.

En partant, le général laissa à Bitche un bataillon d'infanterie, les douaniers formés en compagnies, des gendarmes des environs, un médecin, un sous-intendant, un capitaine d'artillerie, avec quelques canonniers. Il faut ajouter à ces forces, tous les réfugiés de Frœschwiller.

[b] Tous ses régiments ne purent suivre le général ; le 45ᵉ, à moitié écharpé, gagna Saverne avec Mac-Mahon, ainsi que les débris du 13ᵉ bataillon de chasseurs à pied.

N° IV.

Metz, 7 août, 3 h. 55 du soir.

......L ennemi n'a pas poursuivi vivement le maréchal de Mac-Mahon. Depuis hier soir, il a cessé toute poursuite. Le maréchal concentre ses troupes.

heures avant son chef. Après avoir assuré sa marche, le général fit son entrée avec son corps en bon ordre à Sarrebourg. Ses troupes prirent de suite position à la côte du télégraphe, sur la rive gauche de la Sarre. En entrant en ville, il avait été prévenu que les éclaireurs prussiens étaient à Sarralbe, et s'étaient avancés jusqu'à Saar-Union. Aussitôt les batteries restantes furent établies sur les hauteurs, et de fortes reconnaissances furent envoyées partout. Vers une heure du matin, de la cavalerie légère parut au pont de Berthelming (11 kil. nord). La pluie ne cessait de tomber depuis le coucher du soleil ; les soldats du premier corps, privés de tout, souffrirent énormément. Le sous-préfet Thomas, de son propre chef, eut la bonne idée d'envoyer demander des vivres dans les villages environ-nants. Toutes les communes françaises arrivèrent avec des chars pleins de provisions. Malgré le zèle des autorités locales, maire et adjoints, le pain manquait à chaque instant, et cependant les boulangers ne cessaient de cuire. (Comme toujours, l'intendance ne fit rien pour parer à la si-tuation.)

Le lendemain matin, 8, les 1er et 5e corps quittèrent la vallée de la Sarre, en emportant le plus doux souvenir de la réception que leur avait faite la ville de Sarrebourg. Le général de Failly, qui n'avait pu voir la veille le maréchal de Mac-Mahon, put s'entendre avec lui le matin sur la route à suivre. *(V. Opérations et marches du 5e corps, par le général de Failly, p. 17)*

Un journal semi-officiel, *l'Opinion nationale*, publiait cette dépêche *ad hoc* reproduite par tous les journaux :

Paris, 7 août.

Les digues retenant les étangs des Vosges ont été rompues et celles de la Moselle. Le Quartier général du maréchal de Mac-Mahon est à Saverne.

Par un été sénégalien comme celui de 1870, il n'y avait de l'eau nulle part; la pluie, qui commença à tomber le 8 Août au soir, au grand détriment de nos soldats campés en plein champ, sans sacs ni effets de campement, remplaça un peu cette rupture d'étangs des Vosges, si jamais il y a eu des étangs dans les Vosges. — Cette bourde cependant, d'un journal, dont on connaissait les attaches avec le prince Napoléon, se trouve répétée par le maréchal Bazaine dans le livre qu'il vient de publier pour sa défense : *l'Armée du Rhin,* p. 48, imprimé à Paris. C'est à propos du passage de la Moselle par les corps d'armée sous ses ordres.

Le maréchal écrit que le général Coffinières, commandant en chef du génie de l'armée, lui déclara le 13, qu'il ne pouvait être prêt avec ses ponts sur la Moselle avant le 14 au matin; d'autant plus que, dans la nuit du 12 au 13, une crue subite des eaux de la Seille et de la Moselle, due aux grandes pluies des jours précédents, et peut-être à la levée des vannes de l'étang de Lindre, par l'ennemi, avait enlevé quelques ponts de chevalets et couvert une partie des autres, ainsi que les prairies qui en formaient les abords. Il avait donc fallu recommencer le travail.

Cette explication donnée par le général Coffinières est adoptée par le maréchal, qui explique dans une note, que l'étang de Lindre, situé au-dessus de Marsal, communique avec la Seille, et qu'un travail y avait été commencé, lequel devait permettre de grossir les eaux des deux Seille, afin d'augmenter la valeur des lignes de défense, ainsi que de rendre possible par tous les temps de couvrir les abords de Metz, en amont, d'un blanc d'eau. L'ennemi qui occupa Marsal le 15 Août, avait fort bien pu, dès le 12 ou le 13 au matin, faire lever les vannes de l'étang par ses éclaireurs. *(Note de l'auteur.)*

Il est permis d'observer que c'est un peu naïf de se figurer que l'ennemi (qui prit Marsal le 14, et dont les éclaireurs parurent à Dieuze le 11 Août) aurait levé les vannes de l'étang de Lindre (671 hectares, 20 millions de mètres cubes d'eau) surtout pour augmenter la valeur des lignes de défense de Metz. Si l'étang avait été rempli, (il était en terrage en 1870, et il y avait eu quelques pourparlers au ministère pour le fermer, de manière à avoir l'eau nécessaire pour la défense de Metz) le premier soin des éclaireurs prussiens, si le petit fortin bâti près de la digue n'avait

N° V.

Le Major général à Monsieur le préfet de la Meurthe.

Metz, 7 août, 10 h. 35 m. du soir.

......Le maréchal est en communication avec le général de Failly.

N° VI.

Metz, 8 août, 7 h. 50 m. du matin.

L'armée se concentre pour marcher sur les Vosges et en défendre les passages.[1] La nuit a été calme. Il n'y a pas eu d'engagement.

NAPOLÉON.

Pour copie conforme :
CHEVANDIER DE VALDROME.

pas été défendu, aurait été de baisser les vannes, pour empêcher que l'eau n'inondât la vallée de la Seille, et ne servît aux approches à Marsal et Metz.

En janvier 1814, le maréchal duc de Raguse, battant en retraite, donna l'ordre à son général chef d'état-major Métardier, de faire lever les vannes de l'étang de Lindre, pour empêcher la marche de l'ennemi et couvrir Metz. Ce fut l'ingénieur des ponts et chaussées Robin de Betting, qui, avec quelques cavaliers vint exécuter les ordres du maréchal....... Et l'ennemi en 1870 aurait exécuté une chose si nécessaire pour nous !!!

Le général Coffinières, dont le maréchal accepte les observations, a voulu peut-être parler des travaux faits ou qu'il supposait faits pour verser les eaux du canal des houillères de la Sarre dans celui des salines de Dieuze, et de là dans la Seille, si c'était possible. On ne trouva au poids d'or que quelques mauvais ouvriers qui voulurent travailler à Miettersheim à cet utile et important ouvrage, et encore n'y furent-ils que trois jours; l'annonce de l'arrivée de l'ennemi les dispersa.

[1] Dépêche en contradiction avec celle reçue la veille par le général de Failly.

N° VII.

Metz, 8 août, 10 h. 1/4 du soir.

Le corps de Failly qui n'a pas été engagé, rallie l'armée. Il n'a pas été inquiété. Le maréchal exécute les mouvements qui lui ont été prescrits. Il n'y a pas eu d'engagement dans la journée du 8.

N° VIII.

Metz, 9 août, 1 h, 1/2 du soir.

Le maréchal de Mac-Mahon a rallié la plus grande partie de son armée, et se replie en bon ordre sur Nancy,

N° IX.

Metz, 10 août, 9 h. 20 m. du soir.

......La retraite du maréchal Mac-Mahon et du général de Failly se continue dans de bonnes conditions.[3]

N° X.

Préfet des Vosges au Ministre de l'Intérieur

Épinal, 15 août, 9 h. du matin.

Bitche pas pris; la place tient bon; alentours à portée de canon libres, mais le fort surveillé de près; Phalsbourg tient bon.

---

[3] «Comme tout cela est mal dirigé, mon Dieu!
(Lunéville.) «10 août. Le maréchal arrive à Lunéville à 10 heures du «matin; peu de temps après lui, l'homme au plus beau cheval tué. Il est «en calèche, toujours, non pas le plus beau cheval, mais lui. Administratifs, «sous-intendants, intendant, nul n'a pu trouver le moyen d'arriver à «l'étape avant la troupe et de faire préparer des logements et du pain à «ces malheureux. Quand donc nos généraux cesseront-ils de faire con-«sister tout le mérite militaire dans la bravoure? Quand donc chacun «voudra-t-il se borner à faire son métier et à ne pas en sortir? — Les «vaches seront alors mieux gardées, comme dit le vieux proverbe. Pendant «trois jours nos pauvres soldats ont patienté...... (*De Frœschwiller à Sedan,* p. 35.)

COMMUNICATIONS OFFICIELLES
FRANÇAISES.

N° I.

Phalsbourg continue à faire une défense héroïque. L'église et cinquante-une maisons ont été brûlées par les obus prussiens. Les ennemis, à une première tentative d'assaut, ont laissé 500, et à une seconde, 1000 des leurs. La ville est approvisionnée et a refusé les offres de ravitaillement qui lui ont été faites. Sommé pour la quatrième fois de se rendre, le commandant a répondu qu'il ne recevrait aucun parlementaire, et que si les Prussiens arrivaient sur les remparts, il les ferait sauter, plutôt que de rendre la Place.

(Communiqué sous toutes réserves.)

(L'Univers, 27 août.)

N° II.

Strasbourg et Phalsbourg résistent toujours énergiquement.
(Communiqué sous toutes réserves.)

(Moniteur universel, 30 août.)

N° III.

Séance du Sénat du 26 août 1870.

S. Ex. M. Busson-Billaut, répondant à une interpellation de M. Larabit, dit :

« Je dois ajouter qu'à côté de quelques faiblesses regrettables, il serait facile de citer des faits d'un genre tout différent.

«Parmi ces nobles exemples, j'en signalerai deux, et je pourrai en citer davantage.

«On avait parlé de la capitulation de la petite place de Phalsbourg. [1] Eh bien ! il n'en est rien et, loin de se rendre, elle continue de se défendre avec un courage héroïque.... (Bravo ! bravo !)»

[1] Une dépêche, en effet, datée de Saint-Avold, vendredi 12 août, 12 heures du matin, envoyée en Allemagne, disait ceci :

«Phalsbourg et le passage des Vosges qui s'y trouve, est en notre pouvoir.

«Notre cavalerie est près Lunéville.»

De son côté, la *Gazette de Carlsruhe* déclarait controuvée la communication *Havas*. Deux Wurtembergeois auraient été seulement tués devant Phalsbourg à la première attaque et il y aurait eu quelques blessés.

DÉPÊCHES MILITAIRES ALLEMANDES.

N° I.

Au général de Hanenfeld.

Sarrebrück, 10 août, 10 h. 14 m. du soir,

......La forteresse de La Petite-Pierre, située dans les Vosges, a été abandonnée par l'ennemi, avec son artillerie et ses provisions.[1]

DE VERDI.

N° II.

Saint-Avold, 12 août, 7 h. 15 m. du soir.

......La petite forteresse de Lichtemberg, dans les Vosges, a capitulé. La Petite-Pierre a été abandonnée par l'ennemi. Là et ailleurs, nous avons trouvé de grandes provisions de bouches et d'effets militaires.

N° III.

Stuttgart, dimanche, 21 août.

Le ministre de la guerre du roi de Wurtemberg publie la nouvelle officielle suivante:[2]

[1] Les journaux belges ont donné, à la même date, une autre traduction de cette dépêche: «Le poste de La Petite-Pierre a été évacué; il y avait cinq canons et des provisions.»
Il y avait des canons cachés, qui ont été retrouvés plus tard.

[2] Cette dépêche a été démentie de suite. Les Wurtembergeois n'ont pas paru devant Phalsbourg.

La forteresse de Phalsbourg (sur la route de Saverne à Nancy), qui avait été investie par les troupes wurtembergeoises, a capitulé hier dans l'après-midi.

No IV.

Lützelbourg, 11 décembre (?)

Une députation de 3 officiers a rendu à discrétion la forteresse de Phalsbourg. L'occupation aura lieu demain à 10 heures.

VON GIESE, Major.

No V.

Strasbourg, 12 décembre.

Phalsbourg s'est rendu à discrétion et sera occupé demain à 10 heures.

DE HARTMANN.

No VI.

Strasbourg, 13 décembre.

A Phalsbourg on a pris 52 officiers, 1839 soldats et 65 canons.

Comte de BISMARCK-BOHLEN.

UN ÉPISODE DU SIÉGE DE STRASBOURG.

UN ÉCHANGE DE PRISONNIERS.

(Extrait du rapport des délégués suisses.)

14 septembre, mercredi.

«Au moment où nous allions quitter le quartier-général allemand, pour nous rendre à Strasbourg, nous fûmes arrêtés par un incident : c'était l'arrivée au quartier-général (Mundolsheim) du capitaine Archer, Français, prisonnier de guerre, commandant de la place de Lichtemberg [1] dans les

[1] «M. Archer n'est pas capitaine, mais sous-lieutenant au 96ᵉ. Il se trouvait au commencement de la guerre détaché au fort de Lichtemberg, avec une partie de la compagnie, 17 hommes en tout ! Quant au fort lui-même, il n'était pas plus en état de défense que toutes nos autres places fortes. Il avait trois canons, mais pas de poudre ; on a dû les charger avec des cartouches à fusil. Naturellement il n'y avait pas un artilleur. Et ce fort défendait un passage des Vosges ! Une portion considérable de l'armée allemande y est arrivée le lendemain de la bataille de Fræschwiller. Après une résistance de vingt-quatre heures, le fort complétement dénué de ressources, a dû capituler, et les 17 hommes de garnison se constituer prisonniers.» (P. de Pouvourville, *Notes sur le bombardement et le siége de Strasbourg*, Journal de la Meurthe et des Vosges, 28 Avril 1871.)

«Le 13, un sous-lieutenant nommé Archer, du 96ᵉ de ligne, ex-commandant du fort de Lichtemberg, revenu dans la place par échange avec un officier prussien prisonnier, donna au conseil de défense des notions exactes sur la bataille du 6 août et sur les événements qui avaient suivi cette fâcheuse affaire. Il ne fut donc plus possible au Conseil de révoquer en doute les tristes événements de la guerre.....» (Ducasse, *Journal authentique du siége de Strasbourg*, 53.)

Vosges, qu'il avait dû rendre aux Prussiens parce qu'elle était intenable. Il devait être échangé devant les remparts de Strasbourg contre un officier allemand blessé et prisonnier des Français, le lieutenant de Versen.[1] Il fut décidé que l'échange aurait lieu aussitôt que les pièces officielles seraient rédigées par le parlementaire qui devait nous accompagner nous-mêmes, et, de notre côté, nous offrîmes une place dans notre voiture à l'officier français pour aller à Strasbourg, et à l'officier allemand pour en revenir, ce qui fut accepté volontiers.

«Notre excursion fut plus triste ce jour-là que la précédente. Il s'écoula assez longtemps avant que l'on eût fait taire toutes les batteries qui sillonnaient de leurs boulets l'espace que nous avions à parcourir, et je trouve plus lugubre le résonnement de la trompette du parlementaire à travers les ruines de Kœnigshoffen. Nous avions laissé l'officier français et la voiture en arrière à Eckbolsheim.....

«L'heure du retour vint enfin, et nous dûmes attendre près la porte Nationale, souvent inquiétés par des obus, dont plusieurs éclatèrent à une proximité peu rassurante, le prisonnier allemand qui devait être échangé; au bout d'une demi-heure il arriva sur une voiture d'ambulance française fort bien disposée, car il était grièvement blessé. Cette fois

---

[1] *2 Septembre.* — Ce jour on fait quatre sorties, dont une commandée par le commandant Dupetit-Thouars. Le résultat est bon. Les soldats tiennent bien et ramènent des prisonniers. Dans le nombre se trouvait un officier d'infanterie prussien, M. Bruno de Versen, blessé, de fort mauvaise humeur; il était blessé à la fesse. A peine dans la ville, il fut presque enlevé et transporté successivement dans plusieurs ambulances protestantes. On retrouva cependant sa trace, il fut repris et transféré à l'hôpital militaire, où il n'était pas à craindre qu'il pût nouer des intelligences. (Comte de Malartic. *Le siége de Strasbourg*, p. 104.)

Dépêche militaire allemande.... L'attaque de l'île du Wacken a été repoussée par le 30ᵉ régiment d'infanterie (de la garnison de Mayence, brigade prussienne du siége); 1 officier et 4 chasseurs prisonniers ; le lieutenant von Versen, blessé.

la porte principale s'ouvrit de nouveau pour nous ; l'appel de la trompette, le drapeau blanc parlementaire et celui de la convention de Genève annoncèrent aux batteries allemandes notre sortie, et leur feu fut promptement arrêté. Nous fîmes halte au premier avant-poste, pour que l'on fit venir d'Eckbolsheim M. Archer ; dans l'intervalle s'entama la conversation la plus amicale entre les officiers français et allemands ; ils échangaient des cigares et, à les entendre se dire « mon camarade, » on oubliait presque que l'on voyait les uns en face des autres des ennemis acharnés. Enfin arriva l'officier allemand chargé d'opérer l'échange ; ce fut un nouveau tableau de genre, que la présentation mutuelle des deux officiers prisonniers qui allaient redevenir libres et rejoindre chacun les siens ; tous deux se donnèrent cordialement la main avant de se séparer.

« Comme l'état du lieutenant de Versen ne lui permettait pas d'être transporté dans la voiture qui nous avait amenée, le capitaine Farre (?) offrit à l'officier allemand, avec une courtoisie toute française, de prendre avec lui la voiture d'ambulance jusqu'au plus prochain hôpital allemand, ce qui fut accepté aussitôt avec remercîments.

« Les deux soldats français qui la conduisaient, firent place à deux allemands et furent conduits, les yeux bandés, avec la voiture jusqu'à ce qu'ils eussent dépassés les avant-postes allemands.

« A Kœnigshoffen, on leur rendit l'usage de leurs yeux, et on leur servit à boire et à manger, en attendant que le char d'ambulance revint de l'hôpital d'Eckbolsheim ; puis ils furent, avec leur char, reconduits de nouveau, les yeux bandés, jusqu'aux avant-postes de la forteresse.

« De semblables petites scènes peuvent paraître insignifiantes à bien des gens. Mais pour ceux qui y ont assisté, elles jettent dans le sombre tableau de la guerre quelques rayons de lumière bienfaisante, et qu'ils ne sauraient aisément oublier. »

TABLE DES MATIÈRES.

ERRATA.

Page 28, ligne 17, au lieu de : *commandée*, lisez : *commandé*.

  » 30, » 30, au lieu de : *,ans*, lisez : *sans*.

  » 59, » 1, au lieu de : *affche*, lisez : *affiche*.

Typogr. Le Roux.